筑波大学体育系准教授
川村 卓

新しい少年野球の教科書

科学的コーチングで身につく野球技術

KANZEN

はじめに

年代別の指導方法を体系化する

みなさん、こんにちは。筑波大学体育系准教授の川村卓です。

私は硬式野球部の監督として日本一を目指すとともに、筑波大学体育系准教授としてコーチング学や野球方法論の研究に取り組んでいます。大学院では「野球コーチング論研究室」を受け持ち、学生野球の指導者から元プロ野球選手まで幅広い方々と指導法について意見を交わしています。また、週2回は「星空野球教室」を開催し、未就学児や小学生に野球の楽しさ、面白さを伝える活動を行っています。

こうした取り組みを通して、私が目指しているのは「現場」と「研究」を融合し、指導方法の体系化を図ることにあります。

特に大きなテーマとなるのが、年代別の指導方法の確立です。野球の世界は、少年野球からプロ野球まで同じような練習をしていて、ピッチングやバッティングフォームに関しても、プロ野球選手の動きを参考にして、そのまま子どもたちに伝えています。ピッチャーなら「ヒジを上げなさい」「胸を張りなさい」「腕を振りなさい」と、野球をやってきた人であれば、一度は言われたことがある言葉ではないでしょうか。

でも、客観的に考えてみると、これはとても不思議なことです。

身体的に未発達で、骨格がまだ出来上がっていない小学生が、プロ野球選手のような投げ方ができるわけがありません。ヒジを上げたくても、上がらない子もいる。体に負担がかかりすぎて、投球障害につながる恐れもあるのです。

研究を進めていくうちに感じるのは、「成長段階の子どもたちには、できることとできないこと、教えたほうがいいことと教えないほうがいいことがある」ということです。競技人口が減少し、野球界が危機を感じ始めている今こそ、「一貫指導の構築」が必要だと感じています。一貫指導の大切さを理解したうえで、指導者自身の指導力を上げていくことが、長期的に見たときに、野球人口を増やすことにつながっていくのではないでしょうか。自身の経験則だけで指導をしたり、技術的なミスに罵声を上げたりしていたら、野球を選ぶ子どもたちが減っていくのは、ある意味では当然の流れだと言えるのです。

そこで、本書『少年野球の新しい教科書』では、これまでの研究結果や経験から見えてきた年代別の指導方法について提唱していきたいと思います。

野球未経験の子どもたちや、身体的に未発達の小学生・中学生の時期に、何をどのように教えていけばいいのか。たとえば、初めてボールを捕る子どもたちには、捕ることよりもボールから逃げることを教えたほうが、上達が早くなります。また、プロ野球選手の動きを研究することによって、新たにわかってきた技術もたくさんあり、将来的に目指す場所として、トップレベルの技術にも言及しています。

さらに、野球コーチング論研究室の卒業生である吉井理人さん（２０１９年から千葉ロッテの一軍投手コーチ）に、現場で実践されているコーチングについて語ってもらいました。吉井さんは、毎年12月に開催する「日本野球科学研究会」（２０１９年は11月30日、12月1日に法政大で開催予定）に参加されていて、プロ野球やメジャーリーグで活躍した方でありながらも、経験則だけに頼らずに学び続けています。ぜひ、吉井さんの言葉から「コーチング」の本質を感じ取っていただければと思います。

私自身の子どもの頃を思い出すと、男の子は当たり前のように野球をやっていました。公園でのボール遊びから野球が始まり、放課後は毎日のように野球で遊び、そこで近所のお兄ちゃんのプレーを見るなかで、自然に野球のルールを覚えていったものです。だから、一からルールを教わった記憶がなく、小学校低学年であっても、何となく野球のゲームが成立していました。

でも、今の環境は昔とは違います。ボールやバットの使用が禁止されている公園が多く、野

【少年・少女野球の新しい在り方】

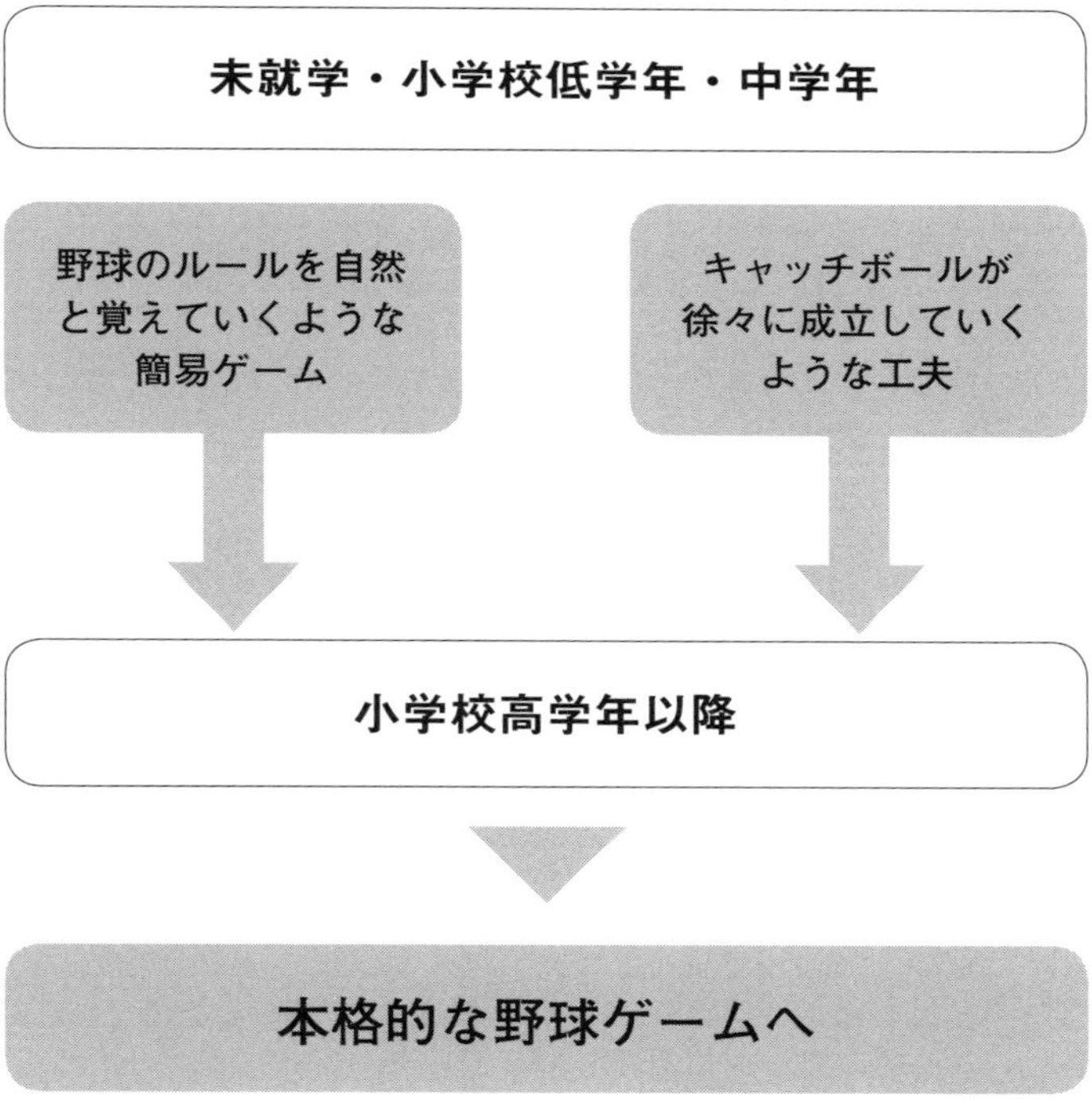

球で遊ぶことがなかなかできません。そのため、チームに入らなければ野球ができない環境にあり、ピアノや英語と同じように、野球が「習い事」になっているのが現状です。

とはいえ、現状を嘆いていても仕方がないわけで、時代に合った在り方を考えなければ、先に進むことができません。

私が提唱しているのは、小学校3年生ぐらいまでは、「野球のルールを自然と覚えていくような簡易ゲーム」を楽しみつつ、「キャッチボールが徐々に成立していくような工夫」を入れて、野球選手としての技術を高めていくことです（p．5）。この2本柱をうまく融合させながら、小学校高学年からは本格的な野球に移行する、という流れを考えています。野球の競技性を考えると、低学年のうちから、いきなり本格的な試合はするのはさすがに難しいのではないでしょうか。2本柱を実践するための〝教科書〟としても、本書を活用していただけたら嬉しく思います。

子どもたちにもわかるように、さまざまな練習方法を動画で確認にできるようにしました。親子で一緒になって上達のヒントやきっかけを見つけていただけると幸いです。

筑波大体育系准教授　川村卓

目次

新しい少年野球の教科書

第1章 発育発達の基礎知識

第2章 投手の指導法

第3章 守備の指導法

第4章 打撃の指導法

第5章 ジュニア期のコーチング

練習動画について

このアイコンがついている練習メニューは動画で確認することができます。
一部、写真では紹介していない練習メニューも収録しています。
www.baseballchannel.jp/etc/67018/

Interview

筑波大学大学院で学んだ
コーチングをプロの現場へ──。

吉井理人

（千葉ロッテマリーンズ１軍投手コーチ）

「自分で考えて
自ら行動する習慣を
身につけてほしい」

選手としてもコーチとしても、実績を積み重ねた
吉井理人氏が、コーチングを学ぶために筑波大の
大学院に入学したのが2014年春のこと。
ここでの経験が、自身のコーチングを見つめ直す
大きなきっかけとなった。

自分を客観的に見る力を養う

——吉井さんは現役引退後、ファイターズのコーチを5年務め、2014年から筑波大学の大学院（人間総合科学研究科博士前期課程　体育学専攻野球コーチング論研究室）で勉強されていました。そこで川村卓先生と出会われているわけですが、大学院で学ぼうと思ったきっかけはどこにあったのでしょうか。

大きな理由は、コーチを真面目にやりたいと思ったからですね。それ以前は、イヤイヤやっていたんです。現役を引退したときに、「コーチと解説者だけは絶対にやらんとこう」と思っていたぐらいで。それは、コーチの存在が邪魔だと感じることが多かったから。それが、いざ自分でコーチをやってみると、だんだん面白くなってきて、ファイターズを辞めたところで、コーチングをしっかりと学びたいと思いました。

——コーチの面白さを、どのあたりに感じたのですか。

奥の深さに気づいたからです。コーチが発する言葉の影響力が思っていた以上に強く、選手をダメにしてしまう一言も多い。だから、奥が深く、難しい。

——実際に大学院での学びを終え、投手コーチとして現場で活用できているのはどんなことですか。

今、コーチングの中心になっているのが、ゲームの振り返りです。難しい言葉を使えば「内省」。これは、大学院でスポーツ心理学の先生に教わりました。じつは、アメリカでプレーするようになってから、日記を付けることを習慣づけていたのですが、先生によると、こうした行為が自分を客観的に見ることにつながっていたそうです。ただ書くだけでなく、「自伝」を作るような気持ちで、そのときの心情も入れながら書く。書くことによって、自分の中にもうひとりの自分を作ることができていました。

——自分で自分をコーチングしている感覚でしょうか。

その感覚に近いと思います。プロの現場では、ぼくの質問によって、相手の考えを引き出すようにしています。たとえば、先発投手であれば全員ではないですが、登板の翌日に1対1でディスカッション。前日の登板に関する自己採点、良かった点、昨日の試合に戻れるなら何をしたいか、主にこの3点を聞きながら、考える力や気づく力を引き出しています。

——吉井さんの立ち位置としては？

できるだけ、聞き役に徹します。こっちから言いたいことがあっても、まずは選手の主張を聞いて、それがどんなに間違っていたとしても、「あ、そうなんや。そうか、そうか」と受け入れる。でも、ぼくは未熟なので、「そうか。でもな、こういう考えのほうがええんちゃうか……」と、自分で言ってしまうんです。まだ、勉強中です。

自分で考えて自分で行動する習慣

——お話を聞いていると、コーチというよりはカウンセラーのようですね。

その通りですね。選手は自分で話しているうちに、「ここはもっと突き詰めて考えていかないといけない」ということに気づいていきます。たとえば、追い込んでから決めにいったフォークが浮いてしまい、打たれたとします。「次は低めに投げるようにしたいです」では意味がなくて、「なぜ、高めに浮いてしまったのか」「次、同じ場面で低めに投げるにはどのような取

り組みが必要なのか」まで、自分の言葉で話せるようにならなければいけません。

――こうした思考方法は、小学生や中学生にも生かすことはできますか。

できると思います。たとえば、ピンチで打たれたときに、「どんな気持ちだった?」と聞くことによって、自分の感情に気づくことができます。それが、打たれたという結果だけを見て、「何やってんだ、しっかり投げろ!」と怒っても、「ハイ!」だけで終わってしまうわけです。

――残念ながら、指導の現場で目にする光景ですね。

何より大事なのは、子どもの頃から自分で考えて、行動する習慣を付けてほしいということです。

――指導者が頭ごなしに怒ったり、叱ったりすることに効果はないですか。

これはスポーツ心理学の世界ではもう答えが出ているのですが、効果がないわけではありません。でも、その効果は一瞬です。他人にやらされていることになるので、モチベーションは長続きしません。

――プロの世界でも同じでしょうか。

もちろんです。高校時代にやらされていることに慣れてしまっている選手は、「自分で考えてやっていい」という環境に入ると、何をしていいかわからないこともあります。

――そう考えると、学生時代の学びはその後の人生に大きな影響を及ぼすわけですね。

自分で考えて、自分で決めて、自分で行動する。そのほうが「おれはできるぞ!」と思いますよね。心理学の言葉では「自己効力感」。コーチの立場としては、問いかけることで選手の考えや気づきを引き出していきたいですね。

――逆に、コーチとしてどんなときに選手を叱るのですか。

あんまりないですけど、本気を出していないときです。手を抜いている。それでも「ちょっと言っておこうかな」と思うぐらいです。技術的な失敗に怒ることはありません。「失敗＝成長の材料」なので、成長するチャンスだととらえています。

ボールの上に指が乗っている感覚

――ここからは、子どもたちや指導者に向けて、技術的なアドバイスをお願いします。「ボールを投げる」という点で、大事にすべきポイントはありますか。

これは、ぼくが現役時代から持っていた感覚ですが、リリースの瞬間に「ボールの上に指が乗っているイメージで投げる」ということです。こうすることで、ボールに回転をかけやすくなります。下向きに回転を加えていくようなイメージで、川村先生の研究にも似たような話があったと記憶しています（p．108）。変化球も同じ感覚で、「ボールの上に指」は常に意識していました。ただ、あまり意識しすぎると、ヒジがしならなくなるピッチャーもいるので、そこは注意が必要かと思います。

――ボールを叩くイメージはありましたか。

それはあったかもしれません。目指していたのは、見た感じはすごくないけれど、「ひょい」という力感ですごい球を投げること。ステップを短くして、上から「バンッ！」と叩く。日本の場合は、重心を低くして、広いステップ幅で投げることが多いですが、そうなると、ぼくの場合はボールを押し出してしまう感じがあったのです。

――ボールを叩く感覚をつかむ練習があれば、ぜひ教えてください。

おすすめなのは、逆傾斜からワンバウンドを投げる練習です。マウンドを使うのであれば、右ピッチャーの場合はステップする左足をマウンドの頂上に乗せて、右足をそれよりも低い位置に置く。つまり、斜め上の角度を作ります。ワンバウンドを狙うのは、だいたい15メートル先。この角度からワンバウンドを投げるには、ボールに対して下向きに力を加えていかなければいけません。それに、ステップする左足の股関節に体重が乗る感覚もつかみやすくなります。

ストレートと同じ腕の振りで投じる変化球

――小学生から中学生に上がると、変化球が解禁になります。さまざまな変化球に憧れを抱く子どもたちが多いですが、変化球習得のコツを教えてください。

変化球は苦手だったんですよね……。特にカーブに関しては、最後までちゃんと投げられませんでした。ぼくが意識していたのは、ストレートと同じ腕の振りで、握りを少しだけ変える球種です。硬球の場合は握りを変えるだけで、何らかの変化が生まれていきます。肩やヒジのことを考えても、ストレートと同じ腕の振りで投げられる変化球を覚えたほうがいいでしょう。無理に捻るなどして、必要以上に「ボールを曲げたい」と思うと、体に負担がかかってしまいます。

――実際にどのような変化球がありますか。

ひとつは、チェンジアップですね。ストレートは人差し指と中指を縫い目にかけますが、チェンジアップの場合は中指と薬指をかける。「人差し指と中指」と「中指と薬指」の組み合わせでは、どちらのほうが、力が入りにくいかということです。

――中指と薬指ですね。

そうなりますよね。だから、ストレートと同じように腕を振っても、ボールが来ないことになります。この緩急の差によって、バッターのタイミングを外すことができます。

――腕を無理に捻る必要もありませんね。

あとは、ボールの縫い目に沿うようにして指をかけることで、いわゆる「ツーシーム」と呼ばれる変化球になります。人差し指と中指のどちらを主にかけるかによって軌道が変わり、親指の位置をずらすことによっても変化の仕方が変わってきます。ボールの側面にずらすほど変化はしやすくなる一方で、スピードは出にくくなります。

――基本的な握りを知ったうえで、どれだけアレンジできるかが大事になりそうですね。

やっぱり、ピッチャーによって合う、合わないはあります。ぼくはストレートがシュート回転して打たれることがあったのですが、ストレートの握りを変えたところ、その確率を低くすることができました。基本として教わるストレートは、人差し指よりも長い中指にしっかりと縫い目がかかるように握ります（自分から見た場合、逆Cの字となる）。ただ、これではシュート回転しやすかったので、逆の握りをしていました（自分から見た場合、Cの字になる）。

――基本とは違う握り方ですね。投げていてどんな違いがあったのでしょうか。

このほうが、薬指が縫い目にひっかかりやすく、それが心地いい。そのおかげか、スムーズに腕が振れる感覚がありました。

――実際に握ってみると、縫い目が薬指に触れますね。

さまざまな握りを、キャッチボールのときから試してみてほしいですね。そこで大事なのは、投球の強度です。ブルペンで常に全力で投げる必要はなく、近い距離でいいので、スーッと軽く投げながら、感覚をつかんでいく。力を抜いて投げたほうが、正しい動きを覚えやすい場合もあります。自分に合った握りを、見つけてみてください。

吉井理人（よしい・まさと）
1965年4月20日生まれ。和歌山県出身、県立箕島高等学校卒業。1983年ドラフト2位指名で近鉄バファローズへ入団。1995年、ヤクルトスワローズへ移籍、1997年、MLBニューヨーク・メッツへFA移籍。その後コロラド・ロッキーズ、モントリオール・エクスポズ（現ワシントン・ナショナルズ）で活躍。2003年、オリックスブルーウェーブで日本復帰。2007年、千葉ロッテマリーンズで現役引退後、北海道日本ハムファイターズ、福岡ソフトバンクホークスでコーチを務め、2019年シーズンから千葉ロッテマリーンズ投手コーチに就任。

【リリースのイメージ】

下方向に力を加えていく

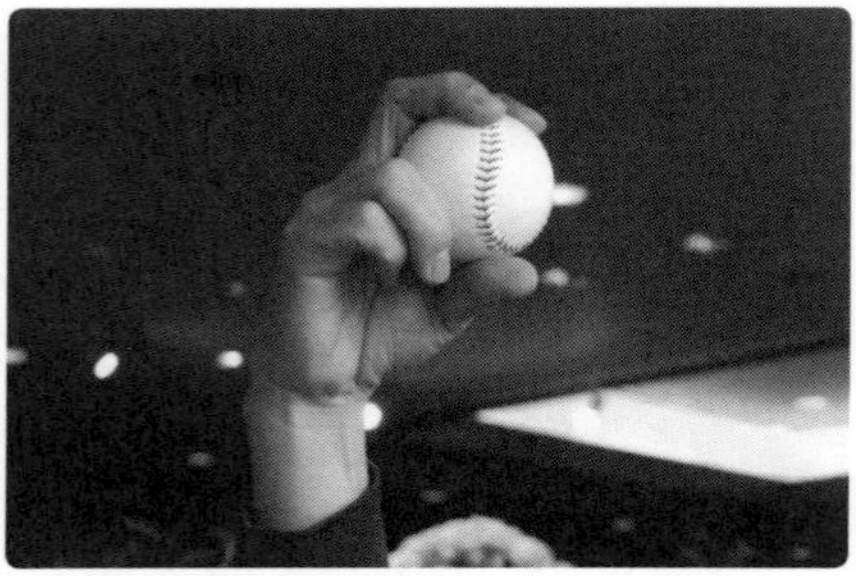
ボールの上に指が乗っているイメージ

【変化球習得のコツ】

チェンジアップは中指と薬指を縫い目にかける

シュート回転を抑えるために編み出したストレートの握り

第1章

発育発達の基礎知識

「子ども」と「大人」の体は違う

子どもの体は成長途上

第1章でお伝えしたいのは「子ども」と「大人」の体の違いである。体の違いを知ることで、未就学児や小学生に適した指導法が見えてくる。基本的な知識や考え方を知っていただいたうえで、第2章以降のピッチングやバッティングの技術的な話に入っていきたい。

成長期の子どもに対して、成熟に向かいつつある大人。身長も違えば、体の強さも違う。心臓などの臓器が発達してくるのもこれからで、体力的な面でもまだまだ弱いところがある。それによって、「できること」と「できないこと」がはっきりしている。

と、頭でわかってはいても、指導する側としては「プロ野球選手のようなフォームで投げてほしい（打ってほしい）」という欲がどうしても出てきてしまうものだ。特に、学生の頃、野球に熱く燃えていた指導者やお父さんほど、そうなりやすいのではないだろうか。「野球選手として活躍してほしい」という期待や想いも強くなりがちだ。

身長が伸びている成長期は、指導するのがとても難しい時期である。大げさにいえば、寝て起きたら目線が変わっていて、昨日と今日で自分の体が変わっている。これだけ変化が大きいと、技術を定着させるにはどうしても時間がかかる。

さらに、シンスプリントやオスグッドといった、成長期特有の痛みに悩まされることもある。痛みを我慢しながらプレーしている子どももいるかもしれないが、「痛いときは休む」が鉄則。言い方を変えれば、指導者や保護者の方々には、子どもに無理をさせないでほしい。

また、身長が伸びる＝骨が軟らかい部分がある時期であり、強い負荷がかかると故障のリスクが高まりやすい。悲しいのは、ケガで野球をやめてしまうこと。周りの大人が正しい知識を持って、子どもたちの成長をサポートしてほしい。

「子ども」と「大人」の境界線

ひとつの目安は「骨端線」

「子ども」と「大人」の体は違う——。

では、両者の境界線はどこにあるのだろうか。法律的に言えば、成人式を迎える20歳の年齢から酒やタバコがオッケーになり、大人の仲間入りを果たす。

発育発達という観点で考えたときには、どうなるだろう。ひとつの目安となるのが、「骨端線」の存在だ。骨端線とは、骨の中央部と端の間にある軟骨を表す（p・25）。文字通り、軟らかい骨であり、この軟骨が成長することによって、長軸方向に骨が伸ばされ、背が伸びていく。すなわち、「骨の成長点」と言い換えることもできる。

子どものレントゲンを撮ると、うっすらと骨端線が見える。この状態を「骨端線が開いている」と表現するが、その間はまだ背が伸びると考えていいだろう。一方で、骨端線が見えず「骨端線が閉じている」と、身長の伸びがほぼ止まったと考えることができる。

メジャーリーグでも「二刀流」として、圧倒的な存在感を放っている大谷翔平選手（エンジェルス）は、聞くところによると、高校2年生の夏頃に股関節の骨端線を損傷して、その頃は強度の高い練習はほとんどできなかったそうだ。結果的にはそこで無理をさせなかったことが、その後の成長につながっていったとも想像できる。

子どもと大人の境界線は、骨端線との関係性が強い。大谷選手のような190センチを超える高身長群は例外として、ほとんどの選手が中学生のうちに骨端線が閉じる。そうなれば、器具を使った筋力トレーニング（レジスタンストレーニング）のような強度の高い練習をしても、故障のリスクが低くなる。中学生であっても、骨端線が閉じていれば、ある程度は負荷をかけたトレーニングをしても問題ないと判断できるわけだ。もっといえば、いわゆる「早熟」と呼ばれる子どものなかには、小学校高学年のうちに骨端線が閉じている場合もある。なお、一般的には男子よりも女子のほうが、骨端線が閉じるのが早い傾向にある。

では、骨端線が閉じたかどうかをどのように判断すればいいだろうか。

簡単なのはレントゲンを撮ることだ。わかりやすいのが手のひらのレントゲンで、骨端線が開いている子どもの手は骨がスカスカの状態である。小さいお子さんがいれば、手のひらを軽く押してみてほしい。スカスカで空間があるので、ぐにゃぐにゃしているのがわかるはずだ。

一方で骨端線が閉じていると、骨の密度が濃くなり、ぐにゃぐにゃ感がなくなっている。ただ、実際のところは、ケガをしていないのにレントゲンを撮ることは医療法で認められていない。

レントゲンの代わりに判断できることとすれば、あごのヒゲだ。男子に限った話にはなるが、産毛のような柔らかいヒゲではなく、大人と同じような硬いヒゲが生えてくれば、骨端線が閉じてきていると推測することができる。この知識は、スポーツ整形のドクターに教えてもらった。

余談になるが、私が勤める筑波大には2メートルを超すバレーボール部の選手がいるが、元監督から大学生になってもまだ大人のヒゲが生えていないものもいると聞いた。すなわち、身長がまだまだ伸びるということ。それぐらい、人間の発育発達には個人差がある。だからこそ、年代別の指導方法が必要になってくるのだ。

【骨端線でわかる大人と子どもの違い】

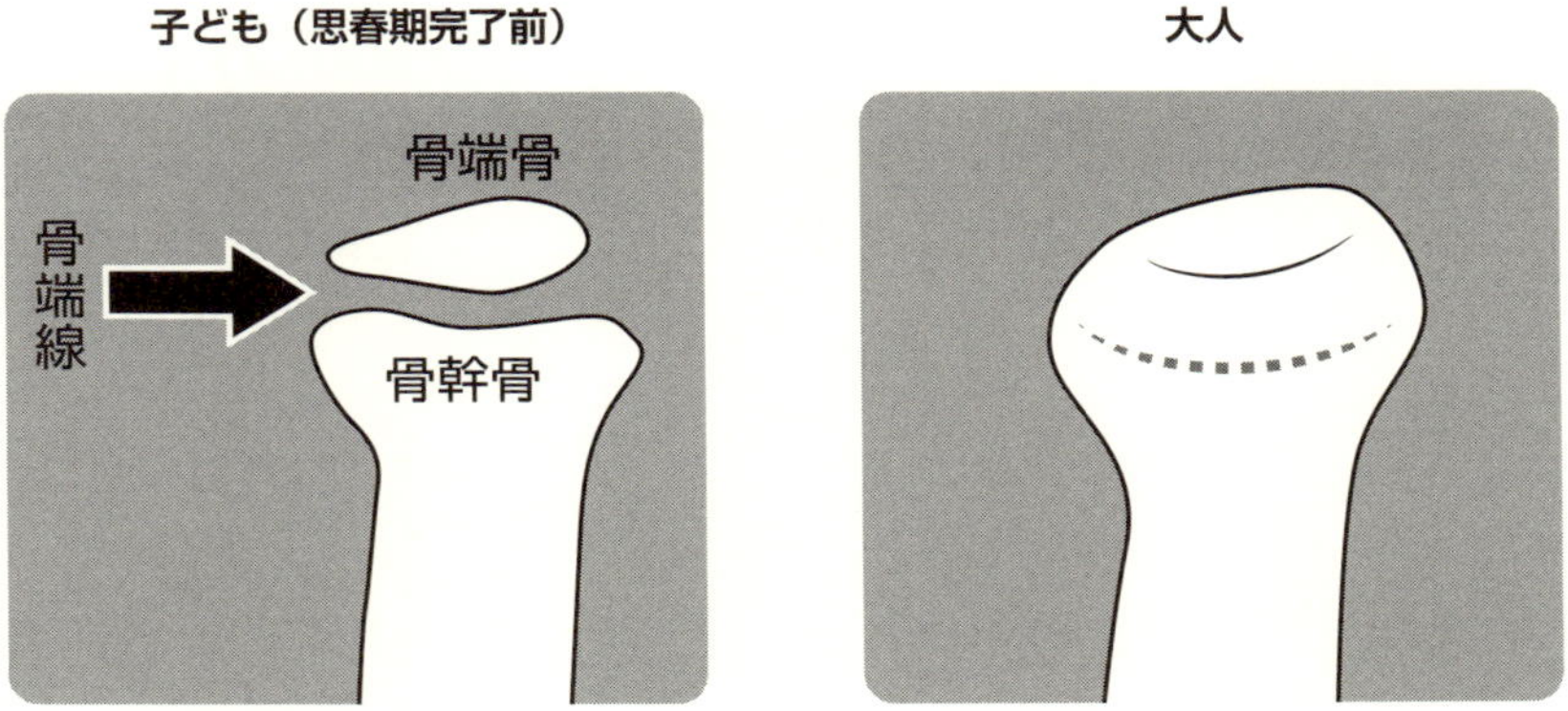

骨端線にある軟骨が
骨を伸ばしている

成熟した大人の骨では
骨端線は閉じている

骨端線（こったんせん）

骨の中央部と端の間にある成長する軟骨部分

骨の成長とトレーニングの関係性

身長が止まると筋肉が付きやすくなる

「筋力トレーニングは高校生になってからでいい。中学生にはまだ早いよ」という言葉を聞いたことがあるかもしれない。これは半分正解。前ページでも紹介したように、骨端線が閉じてから、重たい器具を使うトレーニングに取り組んでほしい。

　これには理由がある。人間の体内では成長ホルモンが分泌されているが、骨端線が開いている間は、骨を伸ばすことに成長ホルモンが使われていくからだ。骨端線が閉じたあとに、筋肉を増やすほうに使われていく。わかりやすく表現すれば、「タテに伸びてから、ヨコに成長する」。細身の子どもが、たくさんのご飯を食べても体重がなかなか増えていかないのはこうした理由もある。骨端線が開いている中学生が筋力トレーニングをしても、その効果はさほど高くはない。

大学選手約300名に、「技術的に、自分がもっとも成長したと思う時期は?」とアンケートを取ると、中学生の高学年期を挙げる選手が多い。発育発達に照らし合わせると、骨端線が閉じて、身長が止まりかけている時期と合致する。

第5章で紹介するが、骨が伸びている間は「タイトネス」や「クラムジー」という現象が起きて、どうしてもパフォーマンスが安定しない。背が伸びることにともなって、体のバランスが変わる。成長途上の時期であり、スキルアップに向き合う身体的な準備ができていない。この時期に過度な練習をすると、ヒザや腰を痛めるなど、何らかの障害につながりやすい。

また、骨を伸ばす成長ホルモンは、深い眠りに入ったときに分泌されやすい。高身長群の人に聞くと、「子どもの頃によく寝ていました」と答えることが多いが、骨の成長と無関係とは言えないだろう。夜遅くまでゲームをしたり、スマートフォンをいじったりしていると、おのずと睡眠時間は短くなってしまう。

骨端線とヒジ痛の関係性

小・中学生期のヒジ痛が大人になって再発する

小学生の子を持つお父さんから、こんな質問を受けたことがある。

「球速を上げたいので、練習方法を教えてもらえませんか？」

結論から言うと、骨端線がまだ開いている時期に球速を上げることは考えないほうがいいだろう。というのも、速い球を投げようと腕を振れば振るほど、ヒジにかかる負担は大きくなるからだ。

ヒジの骨端線の近くに、ボールを投げるときに使う肘関節内側側副靭帯があり、小学生や中学生はこの靭帯を損傷することが多い。「加速期」と呼ばれる腕がしなるときに、ヒジの内側に大きな外反ストレス（外側に引っ張られる力）がかかっているのだ。球数を投げることによる蓄積疲労もあれば、全力で1球投げただけで痛めてしまうこともある。

内側側副靭帯で厄介なのが、子どもの頃に痛めた箇所が大人になってから〝再発する〟ことだ。大学生を対象に調査したところ、大学でヒジを初めて痛めた例は全体の5パーセント程度で、ヒジが痛くなる選手の95パーセントは、小・中学生の時期に痛めた経験を持っていた。それだけ、骨端線が閉じていない子どもの投球には、大人の配慮が必要になる。小・中学生のうちに勝ちたいからと連戦連投していれば、ヒジに負担がかかるのは誰もがわかることだ。

試合でもっとも多くの球数を投げるのは、当然のことながらピッチャーである。ゆえに投球障害のリスクは高い。次いで、気をつけなければいけないのがキャッチャー。近年は部員の少ないチームが増えていて、試合中にピッチャーとキャッチャーを入れ替えて戦うチームもある。数年前から、「子どものヒジを守るために、バッテリーの入れ替えはやめましょう」と提唱してきたところ、ローカル規定として文言が盛り込まれた地域もあると聞く。ぜひ、全国に広まってほしい取り決めである。

もし、ヒジに痛みを覚えた場合は、スポーツ整形外科を受診するようにしてほしい。一般的な整形外科よりも、投球障害に関する知識が豊富なドクターが多い。今はインターネットで調べれば、どこにどのようなスポーツ整形外科があるのかわかるはずだ。

じつは、表立って発症していないだけで、小学生の約4割が何らかの障害を持っているというデータがある。ピッチャーに関しては7割とも言われている。難しいのは、ヒジの痛みがどの程度なのか本人にしかわからないことだ。筋力がまだ弱く、骨格的にも未発達であるため、それほど高い出力が発揮されていない。ゆえに、少々の違和感なら投げてしまう子どももいる。ただ、本当に痛みを感じたときには、症状がかなり進んでいることもありうる。

痛みを覚える前に……ということで、近年は医療機関の協力によって、超音波検査による「ヒジ肩検診」が行われ始め、ヒジの軟骨同士がぶつかることで起きる「離断性骨軟骨炎」を早期発見できるようにもなった。初期の段階では軽い痛みを覚える程度で、我慢していたら投げられる子どもが多い。ただ、そのまま投げ続けていると、ヒジの骨から軟骨がはがれるようになり、そこで強い痛みを覚えるようになる。結果的に、重症化しているケースも少なくはないので、注意が必要となる。

また、小学生も投球後にアイシングをするようになったが、その効果は完全には明らかになっていない。患部を冷やすことによって、感覚が鈍くなり、ヒジ痛の発見が遅れる可能性もある。何でもかんでも「アイシングをしておけば大丈夫」とは、考えないほうがいいだろう。

障害リスクのガイドライン

12歳はMAX104キロが目安

ベースボール発祥の地・アメリカでは投球障害に対するリスク管理が進んでいる。p・34の表は、ABF（全米野球協会）が定めた「少年野球選手の障害リスクのガイドライン」である。8歳から12歳までの年齢のときに、このぐらいの球速や距離を投げていると、投球障害のリスクが高くなりますよ、という目安である。たとえば、12歳のときには平均で80キロ、最速で104キロ、遠投飛距離が66メートルと定められている。

12月に行われているNPB12球団ジュニアトーナメントでは、最速120キロを超えるピッチャーが毎年のように出てくる。日本では、「すごい投手が現れた！」となるが、アメリカに行くと「投球障害のリスクが高いので、ほかのポジションを守らせよう」となるのだ。本格的にピッチャーを始めるのは、骨端線が閉じてからで十分間に合うという考え方を持っている。

もちろん、こうしたガイドラインを日本の小学生にそのままあてはめるのは難しい。文化が違えば、環境も違う。チームの人数が減ってきているなかで、エースが投げなければ試合自体が成り立たない、野球が面白くない、と感じてしまう子どももいるだろう。

ここからは指導者や保護者へのお願いになるが、骨端線が開いている間は、「能力の高いピッチャーほど障害リスクが高まる」ということを十分に頭に入れておいていただきたい。球が速い＝筋出力が高いことになり、自分が耐えられる力以上の負荷が骨や筋肉にかかっていることが想像できる。まだまだ、子どもの体は弱い。

昨今は高校野球を中心に「球数制限」や「イニング制限」の議論がわきおこっているが、私たちの筑波大学が所属する首都大学野球連盟では、2018年春のリーグ戦から『投球数ガイドライン』（p.34）を設定した。2013年から医科学専門プロジェクトミーティングを開き、定期的に「リーグ戦における投球数制限の是非」について検討を重ねてきた。投球障害は、投球数のみが要因ではなく、わずか1球でも発生することが医科学界で確認されている。そのため、投球数制限が完全な予防につながるわけではないが、予防の第一段階として取り入れることに至った。

ガイドラインのため、罰則規定は設けていない。それでも、どのチームの監督も球数に関する意識が変わったのは間違いないだろう。100球を超えてくると、「継投」を考えるようになった。2018年秋のリーグ戦では、筑波大の佐藤隼輔という1年生投手が安定したピッチングを見せてくれたが、どんなに調子がよくても、80球を目安に交代するようにしていた。なぜ80球にしたかというと、オープン戦を見ていると、80球前後のところで球速が落ちたり、フォームが崩れたりする兆候があったからだ。フォームを崩したまま投げていると、体への負担が大きくなる。その1試合は気持ちで投げ抜くことができたとしても、その後に影響が残りやすい。

少年野球の場合はどうだろうか。さまざまな文献や研究を総合すると、40~70球がひとつの目安になるだろう。同時に大事になってくるのは、投球する頻度だ。一般的に、筋肉が修復するまでに48時間かかる。そう考えると、投球後、中2日は休みを入れる。大会が続くと、土日の連投を避けられないのもわかるが、指導者としては子どもの体を守る意味でも、球数や頻度に関して細心の注意を払っておきたい。

【ABFが定める少年野球選手の障害リスクのガイドライン】

年齢	速度（平均、km/時）	速度（速い、km/時）	飛距離（m）
8	64	80	42
9	69	88	48
10	69	88	53
11	72	90	59
12	80	104	66

【首都大学野球連盟主催公式戦における投球数ガイドライン】

標記の件につきまして、2月13日に開催された理事会・評議委員会で承認された投球数ガイドラインをご報告致します。

投手においては、これまでさまざまなレベルで「投球過多」による投球障害肩及び肘が問題となっております。首都大学野球連盟としては、少しでもこれらの障害を予防するために2013年10月19日に開催された第1回医科学専門プロジェクトミーティングにおいて「リーグ戦における投球数制限の是非」について検討致しました。その後、「医科学専門プロジェクトチーム」を立ち上げ、2012年秋季リーグ戦から2017年秋季リーグ戦までの全チームのリーグ戦における投球数を調査、および医科学文献調査を行ってまいりました。

投球障害肩及び肘は、投球数のみが要因ではなく、誤ったフォームにより1球でも発生することは医学界では確認されています。しかしながら、予防の第一段階として投球数ガイドラインを設けることが妥当であるという考えから以下のようなガイドラインを作成致しました。

このガイドラインは提言といった形で、特に罰則規定を設けませんが、本連盟加盟校の投手から投球障害肩及び肘を発生させないとの趣旨をご理解いただきますようお願い申し上げます。

【投球数ガイドライン】＊罰則規定は設けない

① 先発1戦目は投球数制限をしない

② 2戦目は前日121球以上投げた場合は、翌日50球までとする。
但し投球中に50球を超えた場合はイニング終了まで可とする。

③ 1戦目で120球以下の場合は連投を妨げない。

④ 雨天で1日あけた場合は、制限を設けない

第 2 章

投手の指導法

成長期のボール投げ

年代に応じた指導方法が必要

第2章からは具体的な技術について紹介していきたい。

「どの年代に何を教えて、何を教えないほうがいいのか」が本書のテーマになるが、発育発達によって指導法に大きな違いが出てくるのが、「ピッチング＝投げる」である。

まずもって、ボールを投げることは非常に難しい動作となる。ピッチャーとなれば、18.44メートル（学童野球は16メートル）先のストライクゾーンを目がけて投げる。しかも、ただ投げるだけではなく、そこに強さや速さが必要で、常に安定した力を発揮するためには、フォームの再現性も求められてくる。１００球投げたとしても、同じようなフォームで投げられる技術と体力がなければ、試合で結果を残せるピッチャーにはなれないというわけだ。

だからこそ、と言えるのだろう。ピッチングは、フォーム作りが重要視される。よく見られるシャドウピッチングやブルペンでの投げ込み、日々行うキャッチボールも、フォームを作るための練習である。

指導者として気をつけたいのは、「教え過ぎない」ということになる。選手からすると、細かいところを言われるほど意識しすぎてしまい、どうしてもぎこちない動作になりやすい。さまざまな理論や理屈を知識として頭に入れたうえで、どの年代で何を言うかを整理しておく必要がある。

筑波大の「星空野球教室」では、ボールを投げ始めた子に対しては何も教えていない。その代わりに、ボールを投げる楽しさを体験してもらうようにしている。たとえば、カラーボールを投げて、積み上げた段ボールや空き箱を落とすようなゲームをすると、子どもたちは喜んでやっている。「的」を作ってあげると、ゲーム性が高まるうえに、「目標を狙う」という意識が自然に身についていきやすい。

【『野球教室』での的当て】

段ボールを積み上げて、「的」を作ることで、目標を狙う意識が自然に身についていく

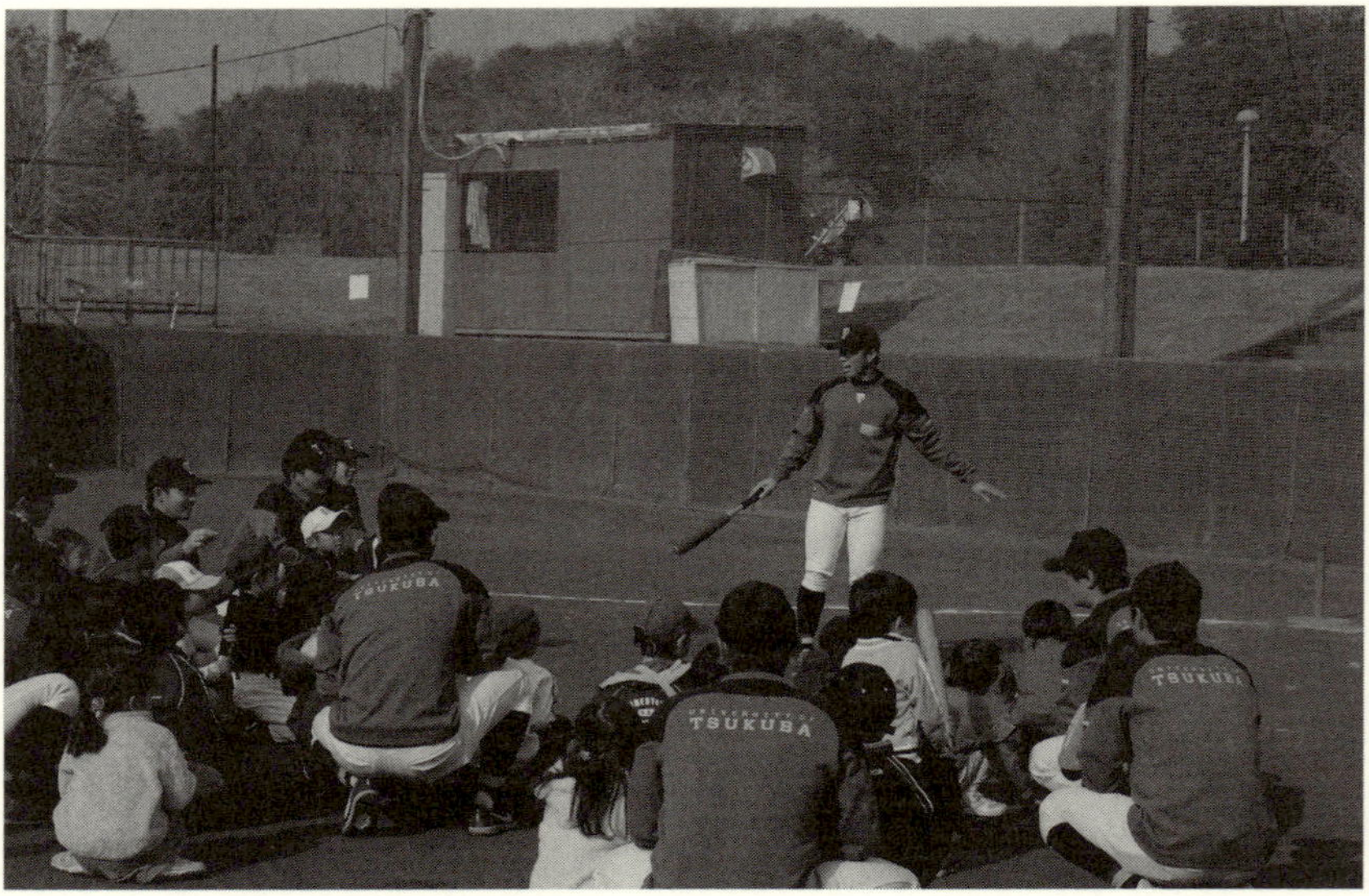

2018年12月に行われた『日本野球科学研究会』では筑波大野球部が子どもたちを指導した

ヒジを上げて投げる重要性

胸の張りと腕のしなりを生み出す

指導者がよく使う言葉に「ヒジを上げなさい」がある。前足が着地したときに、両肩を結んだラインまで利き手のヒジが上がることによって、体の回旋運動にともない、腕が振られていく。

なぜ、ヒジを上げたほうがいいのか。

そのほうが肩甲骨や肩関節の可動が広くなり、肩関節の外旋角度（外側に捻る動き）を大きくできるからだ。その結果、胸が張られ、腕を大きくしならせることができる。過去の先行研究によると、「投球速度は腕の内旋（内側に捻る）の動きがもっとも貢献する」（宮西、１９９６など）という結果が出ているが、内旋の動きを速くするためにも、そこに至るまでの外旋の角度が必要になってくる。いわば、腕を振るための助走距離と言い換えることができる。

試しに、イスに腰掛けた状態でいいので、肩のラインよりもヒジを上げた状態と、下げた状態で、ボールを投げるトップの形を作ってみてほしい。ヒジを上げているほうが、耳よりも後ろに、手をスムーズに持っていきやすいはずだ。これが肩関節の外旋につながっていく。

過去に「体軸に対する最大外旋角度」（腕がしなりきった直後の状態）を調べたところ、大学生が90～104度なのに対して、メジャーリーグで活躍する田中将大投手（ヤンキース）は119度、大谷翔平投手（エンゼルス）は132度と、高い数字を残していた（p・43）。

理論上は、肩全体でみると150度の最大外旋角度が作られる。これを肩関節だけで作ろうとすると、投球障害のリスクが生まれてしまうため、胸椎、肩甲骨、肩甲上腕関節を連動させる必要が出てくる（p・44）。

胸椎は10度ほどしか動かないが、ここが動くかどうかはしなりに大きく関わってくる。以前、全日本のトレーナーを務めていた方が、ピッチャー全員にさまざまな体力測定を行った結果、2つの項目だけが共通して高かったと教えてくれたことがある。野茂英雄さんや潮崎哲也さんが全日本で活躍していた頃の話なので、30年近く前になるが、それは「上体そらし60センチ以上」「立ち三段跳び14メートル以上」。上体そらしは、腰椎の柔らかさと比例していると推測することができる。イメージとしては、ヒップホップのダンサーが胸を出したり引いたりするような動きだ。優れたダンサーの動きを見ていると、筋肉や関節のひとつひとつが連動していて、とても美しく見える。

ただ、一方ではしなりが生まれるということは、ヒジへの負担がかかっていると考えることができる。小学生がしなりを生かして速い球を投げているとしたら、投球障害のリスクも高いことを覚えておいてほしい。惚れ惚れするフォームで投げている小学生をたまに見かけるが、「すごいピッチャーだな」と思うと同時に、「ヒジのケガが心配……」とも思ってしまう。指導者側が球数やイニングを制限したり、別のポジションを守らせたりして、そのリスクを減らしてほしいと願う。

【腕のしなり　最大外旋はどう作られるか？】

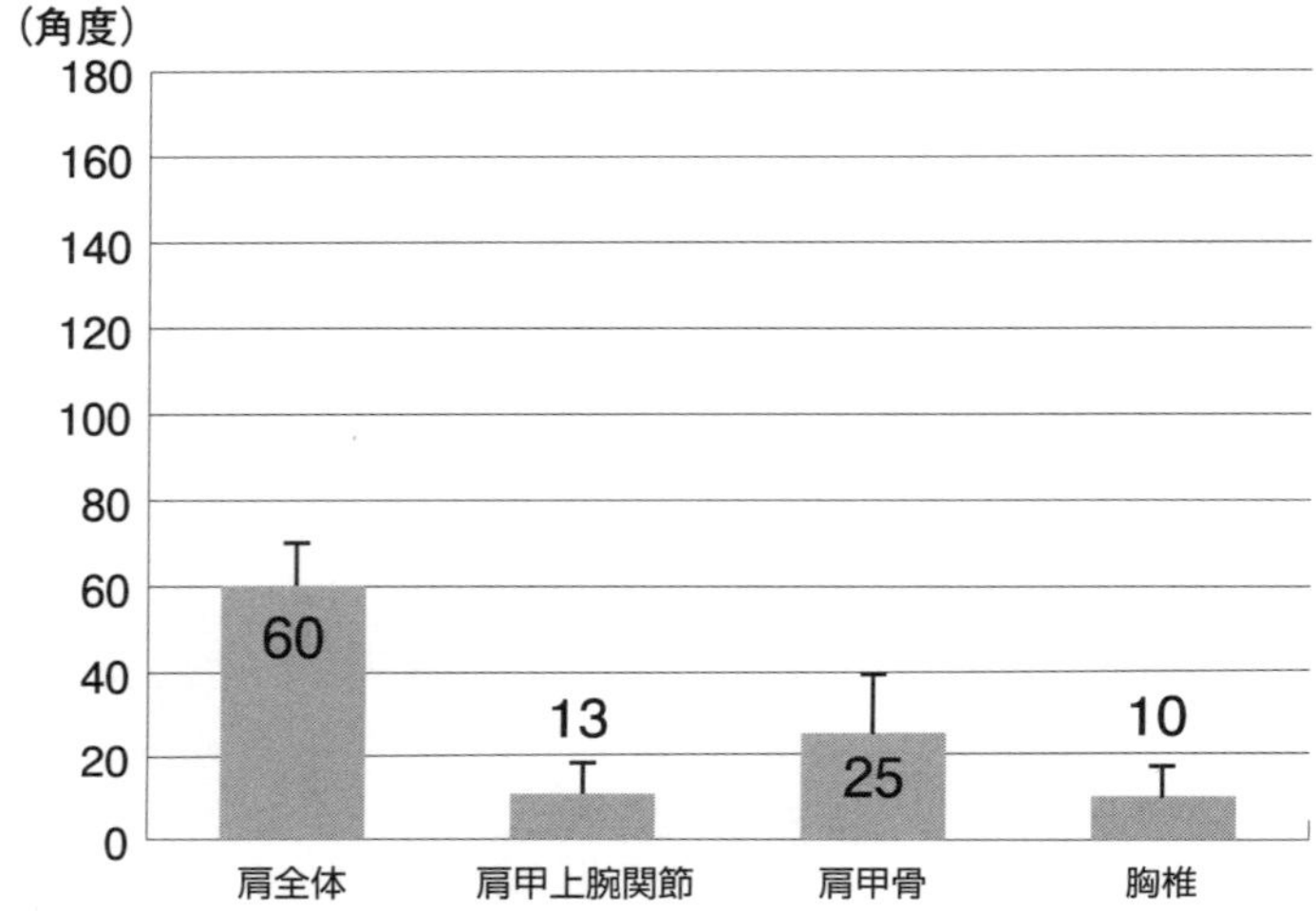

肩関節のみで外旋を作った場合、障害のリスクがある。しなりを作るには胸椎などの動きも必要。
上体そらし 60cm 以上　宮下（2005）※著者改変

【肩全体の最大外旋】

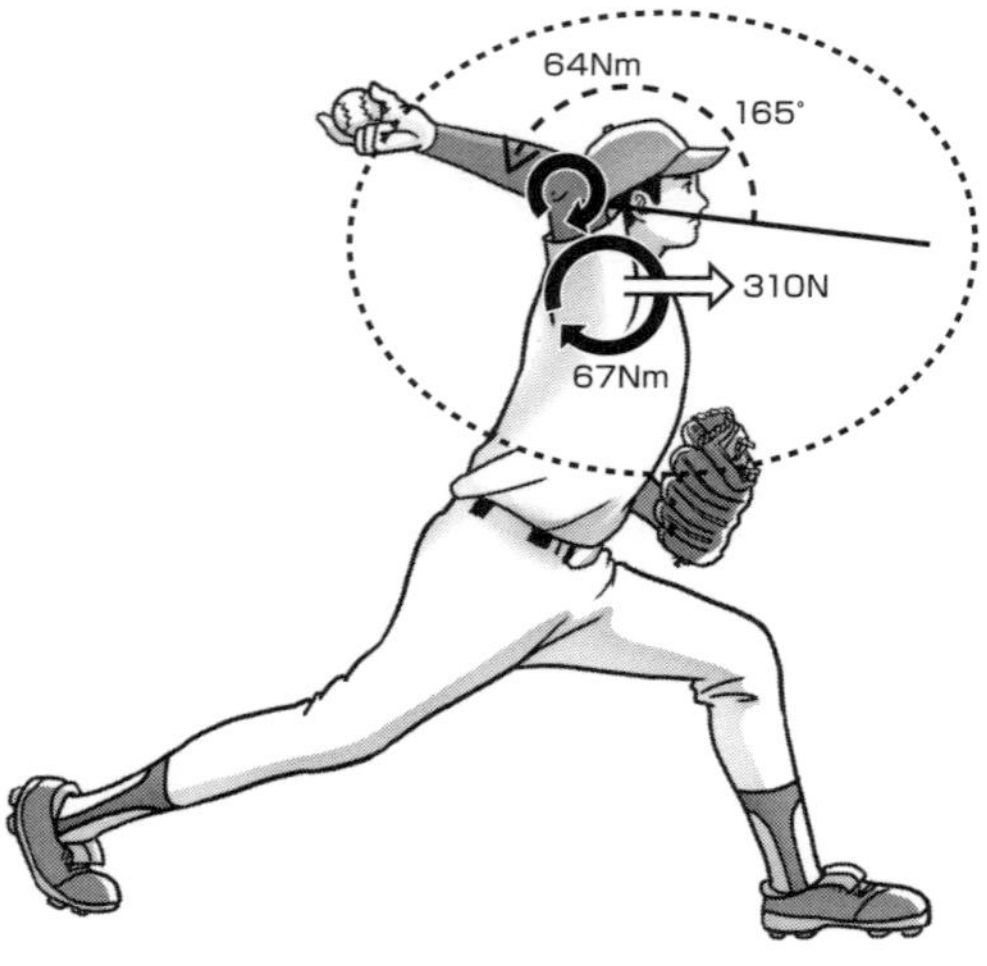

（38 章）カメラで撮影

【体幹に対する腕のしなり】

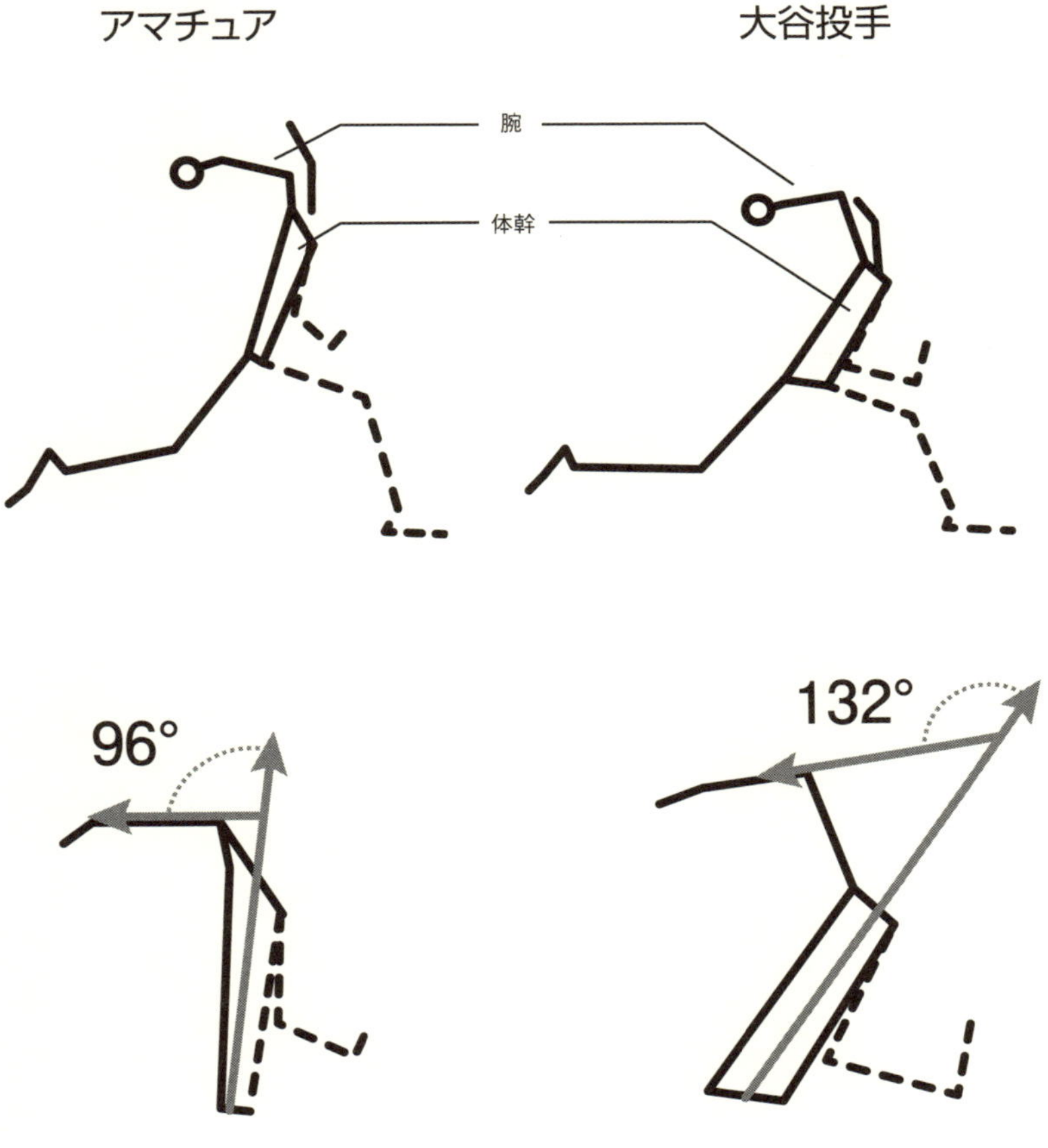

【胸椎、肩甲骨、肩甲上腕関節の連動】

①を０度とした場合、肩甲上腕関節（②）・肩甲骨（③）・胸椎（④）の連動で、１５０度の最大外旋角度が作られる

ヒジの上げ方は2種類ある

成長期はラジオ体操型がおすすめ

ヒジの上げ方には、大きく分けて2種類の方法がある。

今の子どもたちはあまりやらなくなったかもしれないが、ラジオ体操の中に腕を上から下に大きく回す動作がある。専門的には「肩関節の外転（外側に開く）」という動きであり、骨端線が開いていて、身長が伸びているうちは、このラジオ体操型をおすすめしたい。なぜかというと、体から離れたところから腕を回してくることによって、腕のしなりが生まれにくい投げ方になるからだ。速い球は投げにくい反面、目標に向かっての狙いを定めやすくなるので、コントロールが安定しやすい利点がある。

コツとしては、振り子のイメージで上から下におろす勢いを使って、円を描くようにして手を上げてくることだ。意識して上げようとしなくても、ボールの重さを利用すれば、スッと上がってくる。腕だけでなく、肩甲骨から肩を大きく使うイメージを持つといいだろう。

もうひとつ、「外旋型」という上げ方がある。これは、ヒジから上げていく方法で、プロ野球選手のフォームをイメージしてもらうとわかりやすい。田中将大投手や大谷翔平投手は、外旋型の代表例となる。ヒジが上がりきったところで、体の回旋が起きると、胸が張られ、腕のしなりが起きやすくなる。この動きが速い球につながっていく一方で、ヒジへの負担は高くなる。

また、ヒジが上がりきる前に回旋が始まると、ヒジが肩のラインよりも低い位置で投げることになり、さらにヒジにストレスがかかる恐れがある。外旋型の場合は、このあたりのタイミングが難しい。

私が提唱しているのは、骨端線が開いているうちは「外転型」（p・48）で、濃いヒゲが生え始めた頃に「外旋型」（p・49）に移行していく、という段階的指導である。小学生のうちから外旋型で投げている子どもに対して、わざわざ外転型に矯正する必要はないが、球数や投球頻度、強度には十分な注意を払っていただきたい。

「移行するのは難しくないですか?」と質問を受けたことがあるが、過去の経験を踏まえてみると、すんなりと移行できる子が多い。もちろん、子どもたちには「外旋型で投げてごらん」なんて難しいことは言わない。「ヒジから上げてごらん」と言えば、ヒジの上げ方が徐々に変わっていく。

ただし、そのための準備が必要になる。それは、遊びのなかでいいので、横からのスナップスローを経験させておくことだ。6—4—3のダブルプレーをイメージするとわかりやすい。ショートが捕球したあと、低い体勢のまま、サイドスローで二塁に送球する。これをやると、ヒジを柔らかく使う感覚を得やすい。

小学生のうちはできてもできなくてもいいので、オーバースロー以外の投げ方を経験させてあげたい。それは外転型から外旋型への移行につながることに加え、イップス（p・115）に陥ったときの対処法にもなるからだ。「上からしか投げられません」となると、イップスからなかなか抜け出せない。スナップスローは大学生のピッチャーでもうまくできない選手がいるが、握り方や投げ方を工夫するだけで改善できる。

【ヒジの上げ方「外転型」】

ラジオ体操の動きのように、上から下に腕を下ろす勢いを使って、ヒジを上げてくる。肩を肩甲骨から大きく回していくのがポイントになる

がついたメニューは動画で確認できます。
10ページを確認ください。

【ヒジの上げ方「外旋型」】

動画

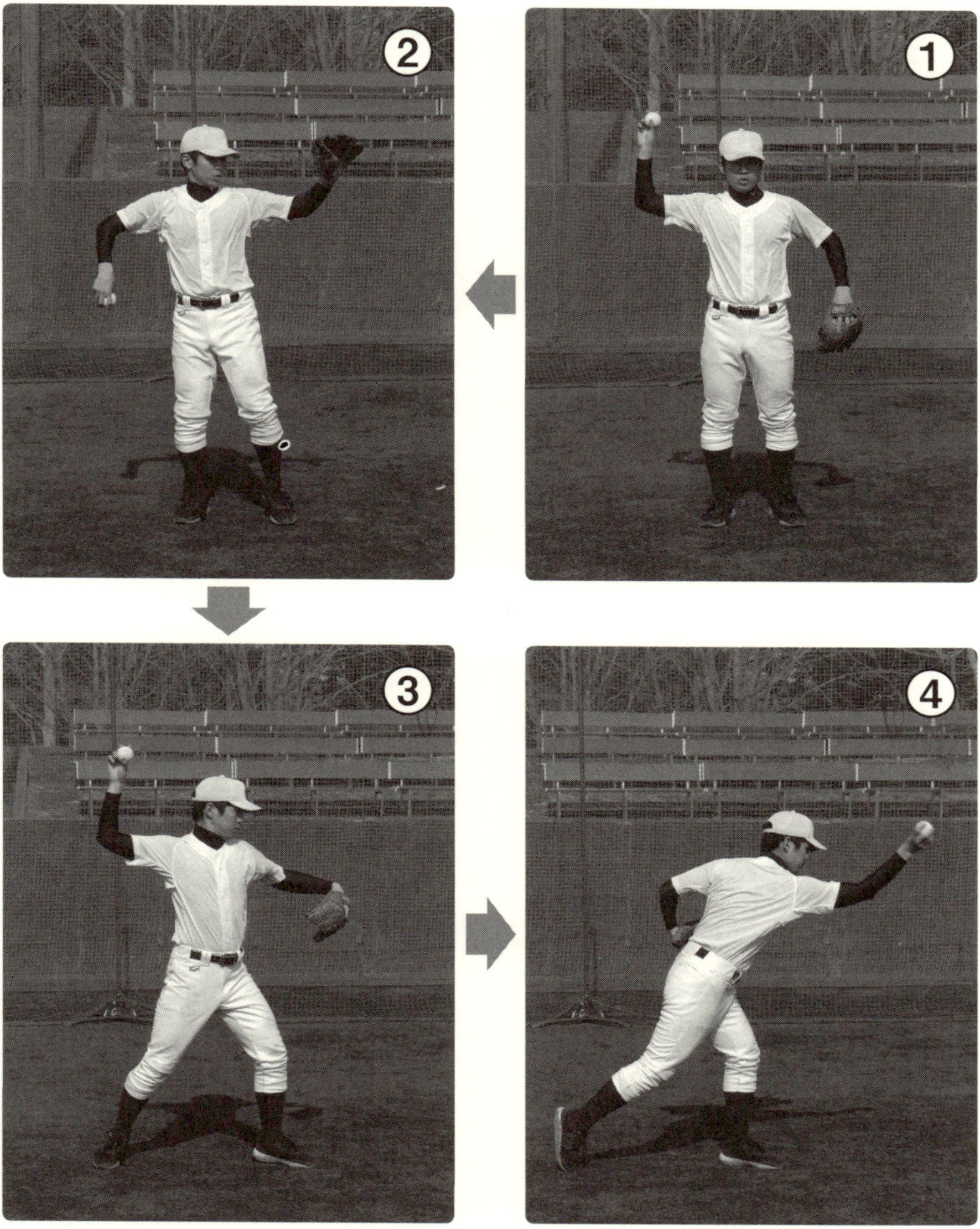

写真のように右腕と左腕の上げ下げを使っていくと、ヒジから上がる感覚をつかみやすい。ヒジが上がりきったところで、回旋運動が始まるところがポイントになる

動画 がついたメニューは動画で確認できます。10ページを確認ください。

「ヒジを上げなさい」はＮＧワード

正しい握りができるまで我慢

これまでの話とは矛盾していることを言うようだが、目の前にいる子どもが小さければ小さいほど、「ヒジを上げなさい」という言葉はグッと飲み込んでほしい。

なぜなら、ヒジを上げることは、子どもにとって簡単な動作ではないからだ。

それは、手の小ささと関係している。手が小さい子どもたち、特に小学校低学年の子はボールをまだ正しく握ることができない。正しいとは、人差し指と中指、親指で二等辺三角形を作るフォーシームの握りを指す（p・52右上）。ところが、子どもの手は小さいために、同じように握ろうとしてもどうしても親指がボールの側面に出てしまうのだ（p・52右下）。

親指が側面にあるということは、わかりやすく言えば、力を入れて「わしづかみ」で握っているようなもので、前腕に過度なストレスがかかった状態となる。試しにボールを強く握った状態のまま、ヒジを上げてみてほしい。肩関節の外旋運動が起きやすくなり、ヒジがすぐに返ってしまう感覚がわかるはずだ（p・52左）。ヒジを上げようとする動きそのものが難しくなる。大人であっても、フォーシームの握りでソフトボールを投げようとすると、ボールが大きすぎてうまく投げられないであろう。子どもにもそれと同じことが起きていると考えると、イメージしやすいのではないだろうか。小学校低学年はほとんどがヒジが肩のラインに上がってこない。

指導者や親の心構えとして、ボールを正しく握れるようになるまで技術的な指導は控えてほしい。人差し指、中指、親指で二等辺三角形が作れるようになると、手首や前腕がリラックスした状態になり、ヒジが上がりやすくなる。指導するのは、そうなってからで十分。これまでの経験上、低学年のときにヒジの位置が低くても、正しく握れるようになる頃に、投げ方がよくなる子が圧倒的に多い。それぐらい、ボールの握りとヒジの位置は密接に関係している。

それではヒジを痛めるのではないかと思われるが小学校低学年はそもそも出力が小さいので、球数を制限すれば、その心配は少ない。

【ヒジがすぐに返る例】 動画

ボールが正しく握れていないと、肩関節の外旋が起きやすくなり、ヒジが早く返ってしまう

【ボールの握り方】 動画

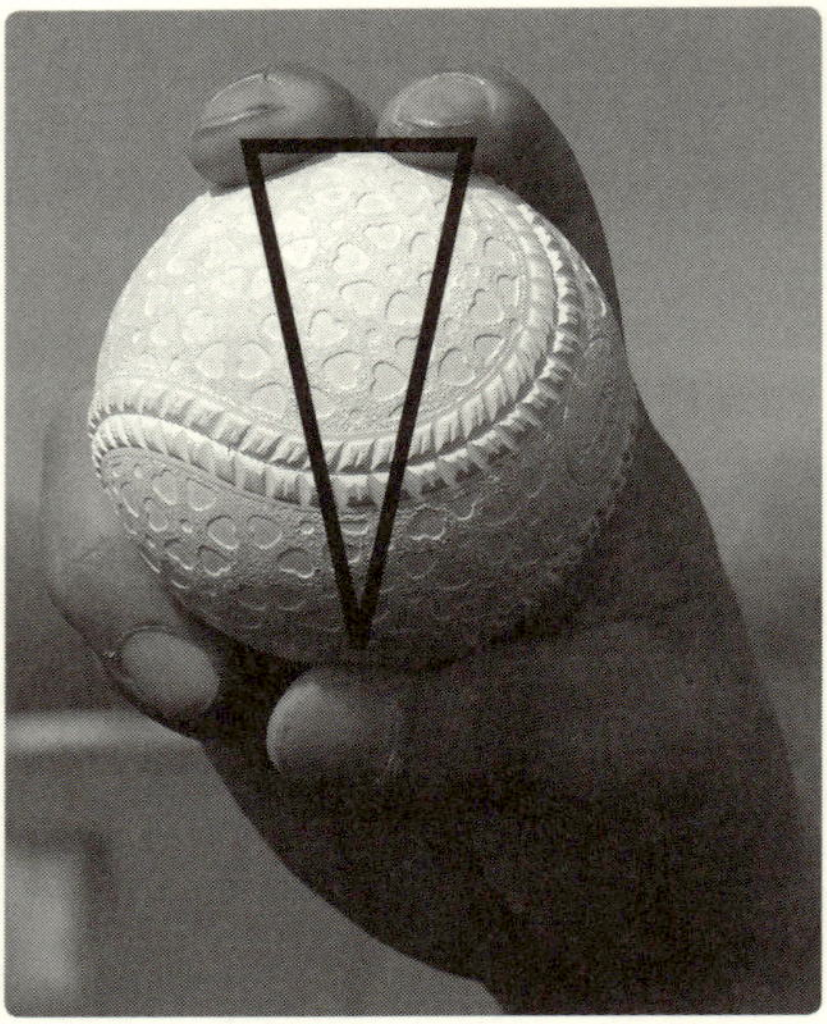

○ 人差し指・中指・親指で二等辺三角形を作る。親指の位置に注意

× 手が小さい子どもは、親指の位置がボールの側面にずれやすい

動画 がついたメニューは動画で確認できます。10ページを確認ください。

【ヒジを上げるためのチェックポイント】

※ヒジが上がっていない子どもがいたら投げ方ではなく以下のことをチェック

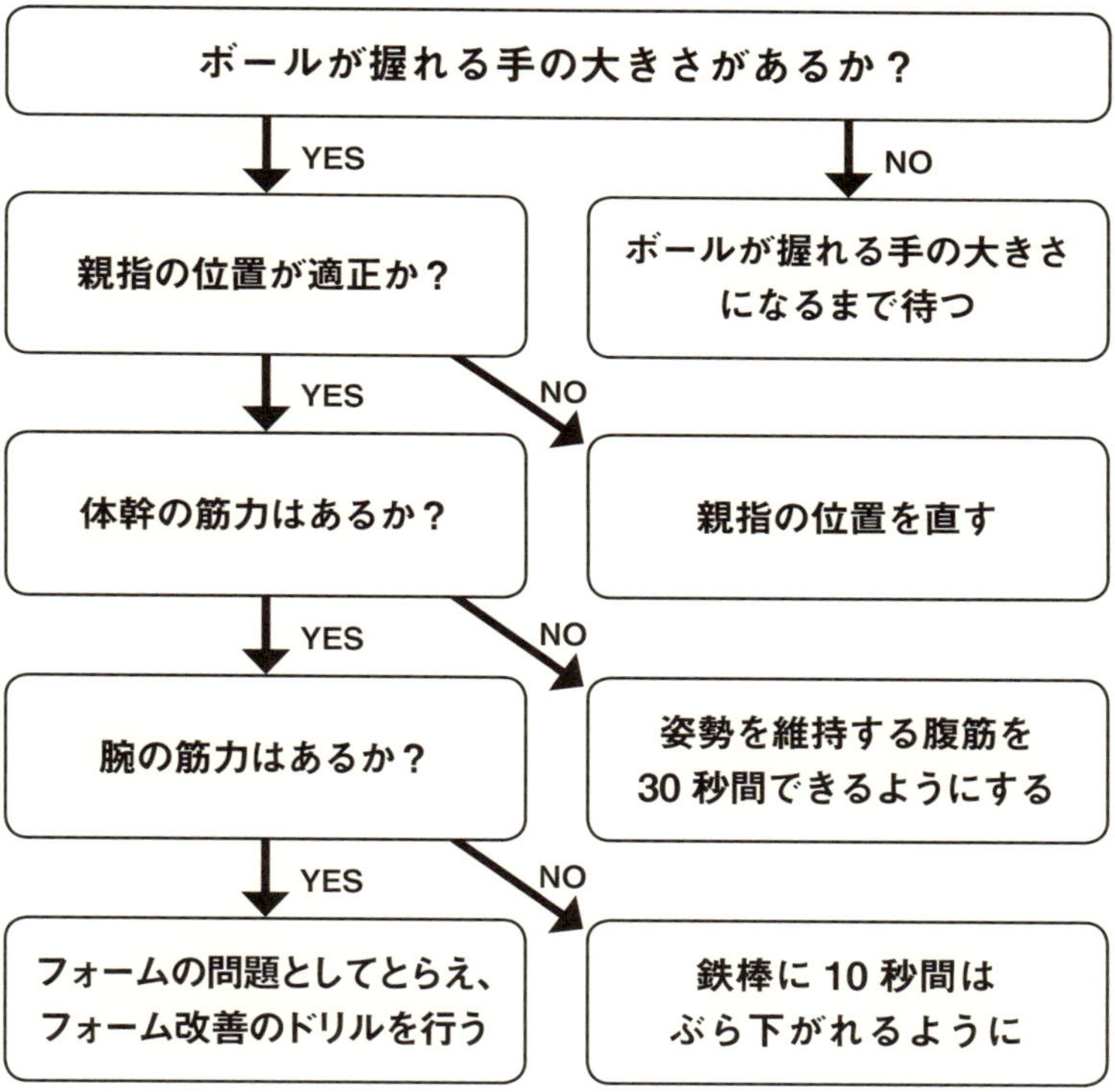

投げ方と姿勢の関係性

スマホやゲームのやりすぎに注意

現代の生活そのものが、ヒジを上げることに適していないと考えることもできる。

「いまどきの子どもたち」とはあまり言いたくないが、顕著に感じるのは、姿勢の崩れである。猫背になっていたり、頭だけが前に出ていたりすることが多い。おそらくではあるが、スマホや携帯ゲームが関係しているのではないだろうか。

さらに、身長が伸びる成長期は姿勢が崩れやすい時期でもあるのだ。なぜかというと、身長が伸びていけばいくほど、体を支える筋力が必要になってくるからだ。簡単にいえば、腹筋や背筋を固めるようなトレーニングを入れていかなければ、姿勢を保つことができなくなってしまう。特に、中学生に見られる現象といえる。

では、姿勢が悪いと、ピッチングにどんな影響があるのか。

一番の影響は、ヒジをスムーズに上げられなくなり、ヒジのしなりが作りにくくなってしまうことにある。試しに、猫背の姿勢からヒジを上げようとしてみてほしい（p・57下）。どうだろうか、かなり窮屈な動きになるはずだ。実際のピッチングでも、こうした現象が起きている子どもがいる。

なぜ、ヒジを上げにくくなるかというと、姿勢を作るために肩甲骨が使われてしまうからだ。姿勢が崩れて、体幹が不安定になると、肩甲骨がスムーズに動いてくれない。

理想的な姿勢は、p・57上のように横から見たときに耳・肩・太ももの付け根・くるぶしが一直線に揃っている状態である。頭の上から一本の串で刺されているようなイメージだが、今の子どもたちは、頭が前に出てしまっていることが多い。人間の部位の中で一番重たい頭が、前に出ているとなれば、体全体のバランスが崩れるのは当たり前だと言えるだろう。

イスに座るときも、背中がぐにゃと曲がるような座り方をしないように。足を組んだりするのも、姿勢を崩すひとつの原因である。つまりは、授業中の姿勢もボールを投げることにつながっていると言える。

これが大人になると、もっとヒジが上がりにくくなっていく。そもそも、日常の中でヒジを肩から上に持っていく機会が少ない。電車で通勤をしている人なら吊り革をつかむとき、学校の先生なら黒板の上の方に字を書くときだろうか。パッと思いつくのは、そのぐらいだろう。

一方で、仕事場を想像してみると、パソコンを使って作業する機会が増えている。私がまさにそうで、パソコンの前に座っている時間が長い。キーボードを打つときは、肩関節や肩甲骨の動きを止めて、指先だけ動かしたほうが作業しやすい。つまりは、体の末端だけを動かしていることになる。肩甲骨から動かそうなんて思ったら、キーボードを速く打つことはできないだろう。こうなると、必然的に肩甲骨の可動域が狭まっていき、その付近の血流も悪くなる。

子どもが熱中するスマホや携帯ゲームに関しても、まったく同じことが言える。日常的に、投げるために必要な肩甲骨を使わない生活を送ってしまっているのだ。それも、熱が入っていくと、1時間でも2時間でも同じ姿勢でゲームをやり続けている。

子どもたちはグラウンドにいるよりも、自宅や学校にいる時間のほうが圧倒的に長いからこそ、日頃の姿勢に十分気をつけなければいけない。とはいえ……、子ども自身が意識をするのは難しく、「しつこいな」と思われてもいいので、大人の側から姿勢の重要性を伝えてほしい。

【投球時の姿勢】

○ ２本足で真っ直ぐ立つ（耳・肩・太ももの付け根・くるぶしが揃う）ことからスタート

× 猫背になると、肩甲骨の可動が狭まり、ヒジが上がりにくい

肩甲骨の動きを学ぶ

肩甲骨上腕リズムを身につける

前述したとおり、子どもも大人も肩甲骨をあまり使わない生活になってきている。これは「ヒジを上げる」「ボールを投げる」という動作においては、深刻な環境と言っていい。ヒジは腕の動きだけで上がるのではなく、肩甲骨の動きを伴って上がっていくからだ。

肩甲骨は、肋骨の背面上を三次元に滑るように動く骨で、肩関節から上腕骨につながり、肘関節から前腕につながっている。だから、体の中心に近い肩甲骨を動かすことによって、ヒジが上がりやすくなる。

そこで、みなさんの肩甲骨がどれほど動いているか、チェックをしてみたい。

体の前でヒジとヒジをくっつけた状態から、頭の上のほうへ真っ直ぐ上げていく（p・59）。猫背にならないように、姿勢は真っ直ぐにしておくこと。ヒジがくっついた状態でどこまで上がるだろうか。これまでの経験上、ストレートの最速が１４０キロを超えるピッチャーは、おでこのあたりまで上がってくる。それだけ肩甲骨の可動範囲が広く、うまく使えていると考えていい。

【肩甲骨の柔軟性チェック】

両ヒジをくっつけた状態でどこまで上がるか。スピードが速い投手はおでこの近くまで上がっていく

肩甲骨の柔軟性を高めるにはさまざまなストレッチがあるが、今のチェック方法を生かしたものが一番やりやすい。ヒジとヒジをくっつけたまま、顔の近くまで上げていき、内から外へ大きくゆっくりと回していく。そして、今度は外から内へ大きく回す（p・61）。

子どもたちであれば、授業と授業の休み時間にやるのもよし、テスト勉強の合間に気分転換で入れてもいい。机にずっと向かっていると、どうしても背中が固まってしまい、体がカチコチになってしまう。お父さん方も、デスクワークの合間にぜひ。

肩甲骨には、主に①肩を上げる、②肩を下げる、③胸を開く（背中を閉じる）、④背中を開く（胸を閉じる）、⑤腕を上げる、⑥腕を下げる、以上6つの動きがある。

すべて大事な動きだが、「ヒジを上げる」という観点でいえば、特に重要になるのが⑤の腕を上げるである。腕を下にたらした状態から、腕を耳の横まで上げていくことを「肩甲骨上腕リズム」と言う。ヒジの上がりが悪い選手はこのリズムがうまくできていないことが多い。上腕骨と肩甲骨が連動せず、見た目ではヒジは上がっているが、いざ投げにいくと、ヒジが下がってしまう現象が起きる。

③の胸を開く（背中を閉じる）、④の背中を開く（胸を閉じる）では、「前へならえ」の姿勢から肩甲骨だけを使って、胸を開く・胸を閉じるを交互に繰り返すストレッチがある（p・62）。

とにかく大事なことは、意識的に肩甲骨を動かす機会を増やしていくことだ。あまり難しい

【肩甲骨ストレッチ】

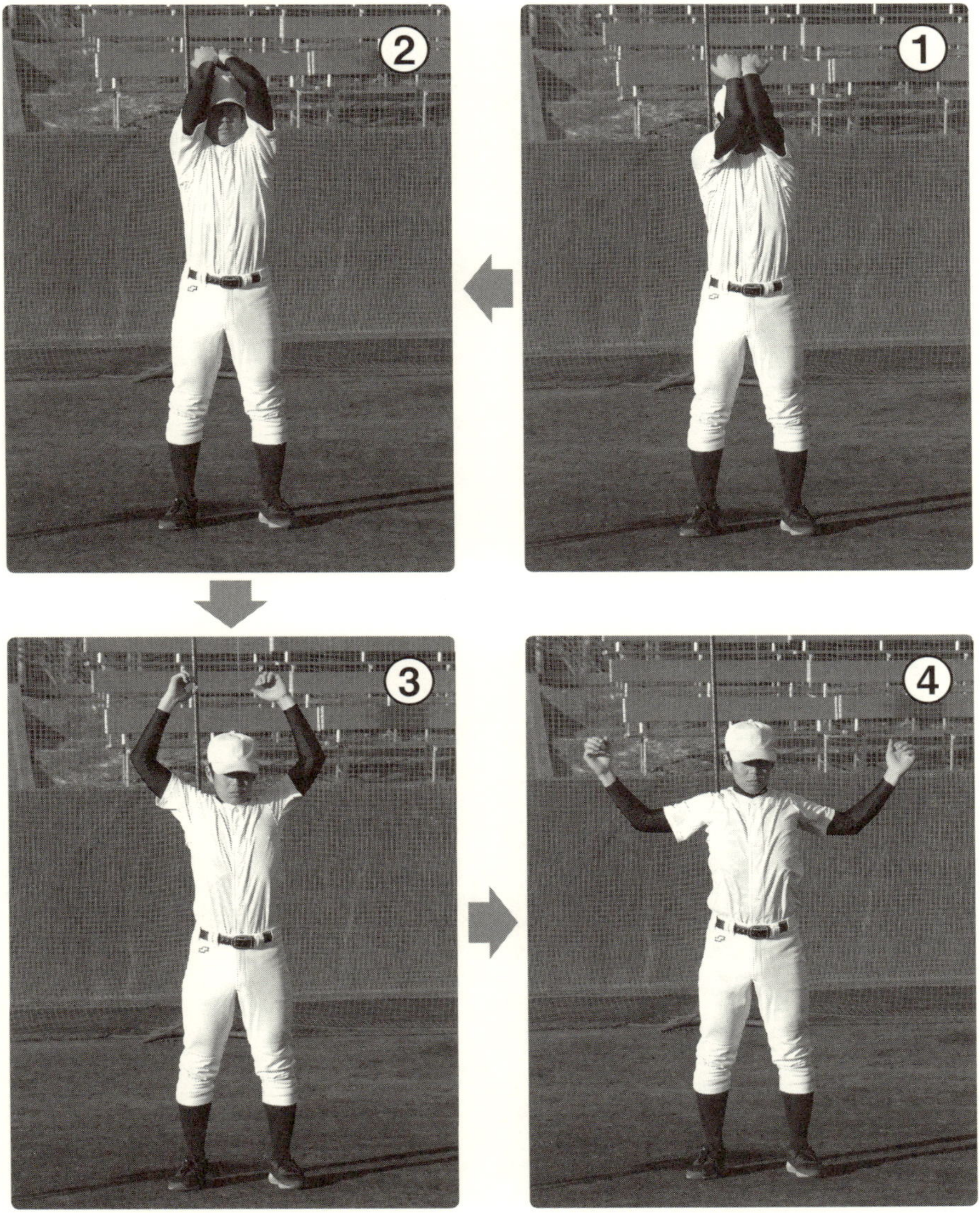

内から外に円を描くイメージで、肩甲骨を大きく動かす。続いて、外から内にも大きく回す。授業と授業の休み時間など、ちょっとした時間にも取り組むことができる

がついたメニューは動画で確認できます。10ページを確認ください。

ことは考えずに、肩を大きくグルグル回すだけでも効果はある。

【肩甲骨ストレッチ】

「前へならえ」の姿勢から、肩甲骨だけを使って、胸を開く・胸を閉じるを繰り返す

がついたメニューは動画で確認できます。
10ページを確認ください。

投球に関わる肋間筋の柔軟性

小学生におすすめの雲梯

上腕骨と肩甲骨の連動ができていない理由のひとつとしては、肋間筋の硬さが挙げられる。読んで字のごとく、肋骨の間にある筋肉だが、日常的に使う筋肉ではないために、詰まっている人が多いのだ。ここをほぐしてあげることによって、肩甲骨が動きやすくなる。

肋間筋をほぐす運動として、小学生に一番のおすすめは雲梯《うんてい》である。雲梯を1つずつ進んでいくことで、肋骨のあたりがよく動くとともに、普段はなかなか使えない肩甲骨の可動域を高めることができる。さらに、体を捻る動作も生まれやすく、ピッチングやバッティングの「捻転動作」（p・94）につながっていく。ただ、本当はそんな理屈を考えずに、学校の休み時間に遊ぶのが一番いい。

鉄棒のような棒に、ぶら下がっておくだけでも意味がある。肩甲骨をうまく使うには、柔軟性だけでなく、肩関節の強さも必要になってくる。両手でぶら下がり、自分の体重を保持しようとすることで、強さを養うことができる。肩周りには、棘上筋、棘下筋、肩甲下筋、小円筋という4つのインナーマッスルが付いていて、総称して「ローテーターカフ」と呼ぶが、これらの筋肉が弱いと、球数を重ねるうちにヒジが上がりにくくなっていく。

鉄棒にぶらさがること以外には、こんな方法もある。ヒザを付いた状態で両腕を真横（肩のラインと水平）に伸ばし、人差し指だけを出す。その状態から、人差し指で大きく丸い円を描いていくのだ（p・65右）。小学生なら30秒、高校生なら1分程度が目安となる。できるだけ、スタートの状態から腕の高さを変えずに、丸を描き続ける。地道なトレーニングではあるが、毎日続けることによってインナーマッスルの強化につながっていく。

雲梯をするうえで気をつけてほしいのは、体重が増加する中学生や高校生にはあまりおすすめできないということだ。片腕で自体重を保持するときに、肩関節が外れる恐れが出てくる。そこで、筑波大の学生が取り組んでいるのが、鉄棒にぶら下がった状態から、体を右に左に捻る運動である（p・65左）。脇腹のあたりが、ジワジワと熱くなってくる感覚があると、トレーニングの効果が高いと言える。

p・66は開脚の姿勢から、二人一組で行う肋間筋のストレッチだ。写真のように片腕を挙げた状態から、体を横に倒していく。パートナーは脇腹をゆっくり伸ばすイメージで、ストレッ

【鉄棒にぶら下がる】動画

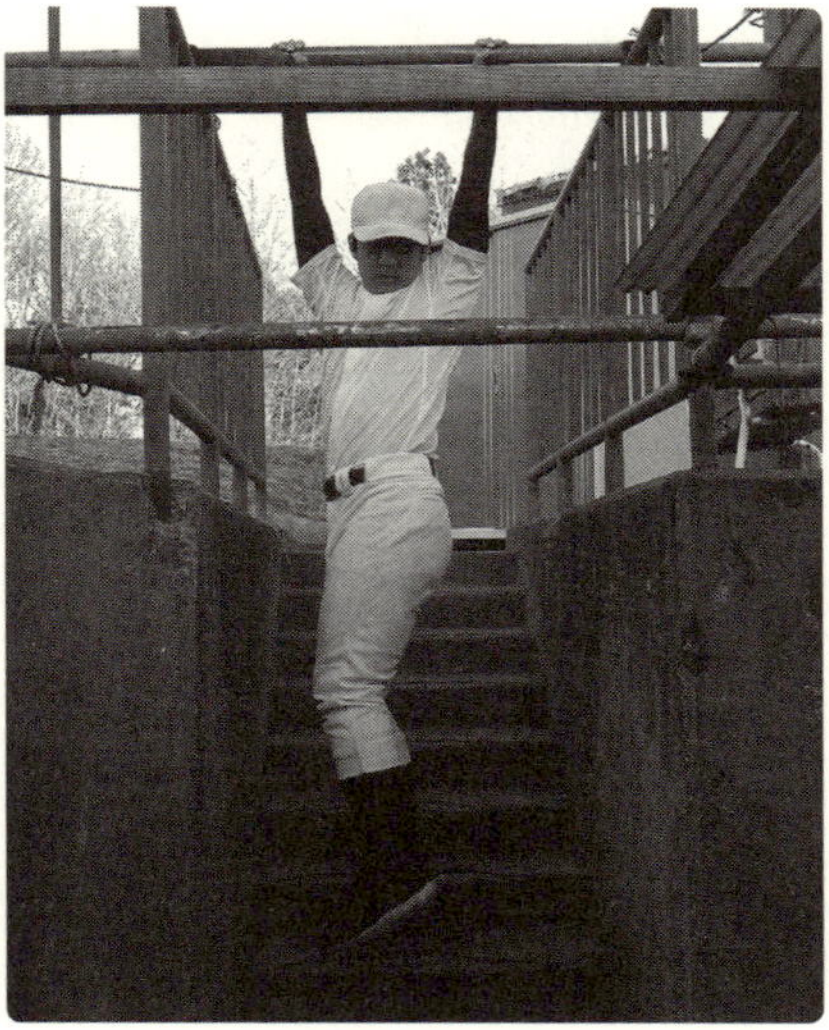

【人差し指で円を描く】動画

動画 がついたメニューは動画で確認できます。
10ページを確認ください。

チの動きをサポートする。

このように肋間筋をほぐすことによって、よりヒジの上げやすい体を手に入れることができる。これまで、「ヒジを上げる」と書いてきたが、正しく表現すれば「ヒジは2度上がる」。

1度目はトップを作ったときで、2度目はボールを投げるときだ。わかりやすい例として、上原浩治投手（元巨人）の投げ方を思い出してみてほしい。じつは、上原投手はトップに入っ

【二人一組で行う肋間筋ストレッチ】

動画

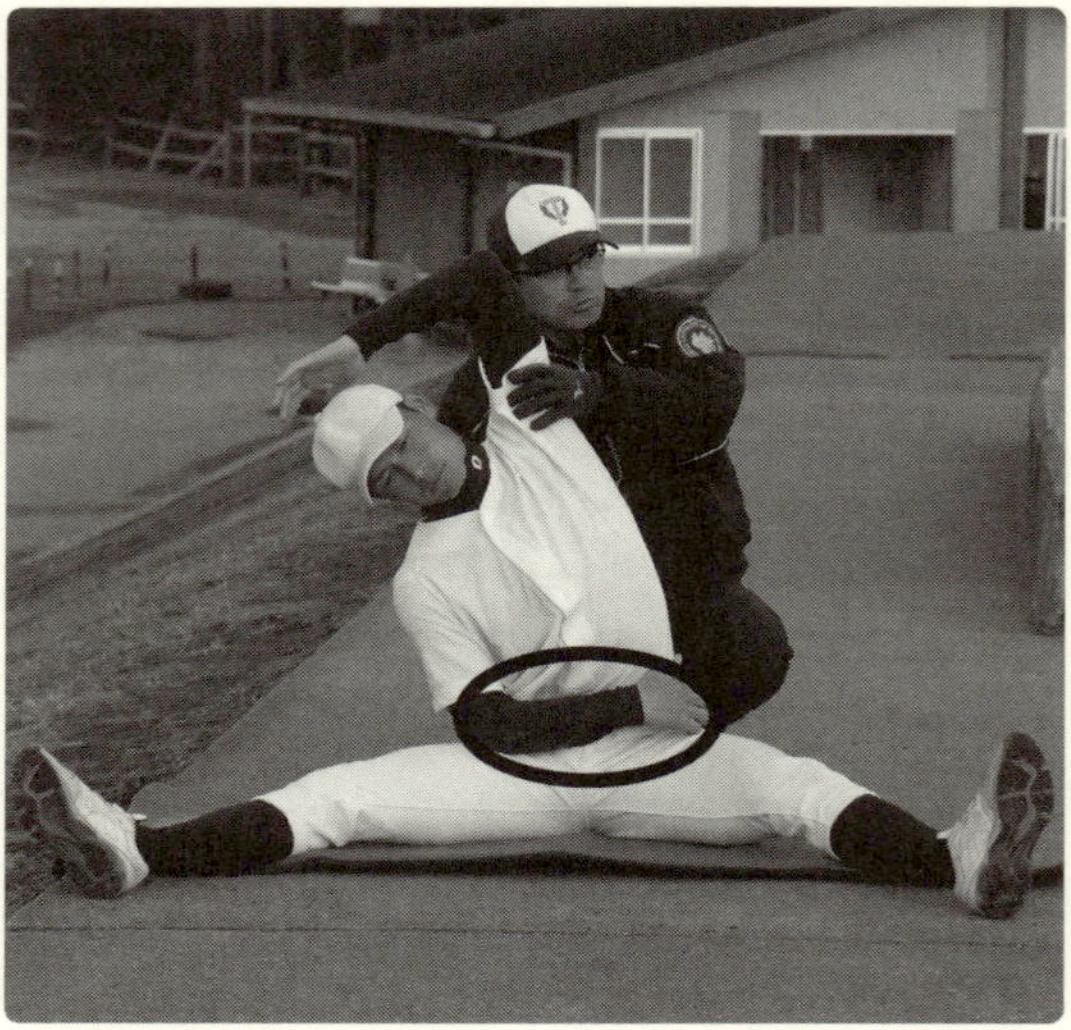

腰を固定する

動画 がついたメニューは動画で確認できます。
10ページを確認ください。

たときは、両肩のラインよりもヒジが下がっているが、ここから体の回旋運動とともに、ヒジが高く上がっていくのが特徴となる。これは肩甲骨と上腕骨がしっかりと連動し、肋骨もよく動いている証だ。

子どもたちに多いのがこれとは逆のパターンで、最初はヒジが上がっているのに、いざ投げるときにはヒジが下がる（写真左）。こうならないためにも、肩甲骨や肋間筋をほぐしておきたい。

【投球加速中にヒジが下がる投げ方】 動画

がついたメニューは動画で確認できます。10ページを確認ください。

ヒジを上げるための方法論

子どもの「目線」に気を配る

子どもたちを指導していて忘れがちなのが、目線の重要さだ。子どもと大人では身長が違い、それにともない、見ている景色も変わってくる。

130〜140センチぐらいの子どもと175センチぐらいのお父さんがキャッチボールする姿をイメージしてほしい。子どもの目線からすれば、ちょっと上にボールを投げることになる。人間の本能として、ちょっと上に投げようとすると、下から上に投げようとするもので、どうしてもヒジが下がりやすくなってしまう。

ヒジが下がる子どもには、上から下に投げ下ろすようなイメージを持たせてあげたい。大人が相手をするなら、キャッチャーのように座ってあげることもひとつの手になるだろう。投げ手が段差のあるところに登って、その上から投げるのもおすすめだ（p．70右）。これだけのことで、ヒジがスッと上がってくる子もいる。

まったく真逆の発想で、斜め上に投げ上げようとすることでヒジが上がる子どももいる（p.70左）。イメージとしては、運動会でやる玉入れだ。ヒジが低いままでは、高く投げ上げることができないので、本能的にヒジが上がってきやすい。キャッチボールをするときにも、投げ手の前にネットを置いたり、ロープを張ったりして、「このネット（ロープ）を越すように投げてごらん」と言うと、投げ方がよくなる場合がある。また、これまでの指導上、バックステップやジャンプをしながら投げると、ヒジが上がる子どもも多い。

年齢が低いうちは、動作に対する直接的な指示ではなく、練習の環境やメニューを変えることによって、無意識のうちに動きが改善される方向に持っていきたい。

【ヒジを上げるためのドリル】

斜め上に投げ上げようとすることで、自然にヒジが上がっていく

高さのある台から投げることによって、上から下に投げ下ろすイメージがつきやすい

動画 がついたメニューは動画で確認できます。
10ページを確認ください。

理想的な下半身の使い方

小学生は軸足で立つことから

ここからは、ピッチング時における下肢（下半身）の使い方について解説していきたい。

正直、小学生にとっては難しい部分があるかもしれない。というのも、ある程度の筋力がなければできない動きもあり、大学生を見ていてもまだまだこれからの選手が多いからだ。しかしながら、小学生のうちから知識として理解しておくのは大事なことで、できるできないに限らず、動きを真似してみるのはその先の野球人生に必ず生きてくる。1回でも2回でもいいので、紹介しているドリルに挑戦してみてほしい。

ピッチングフォームを評するときに、「手投げ」や「上体投げ」などの表現方法がある。最終的にボールは手で投げるのだから、「手投げ」であるのは当たり前だが……、言葉の裏を読み取れば、下半身を使えていないことになる。

では、下半身を使って投げるとはどういうことか。

わかりやすく言えば、下肢で生み出したエネルギーを指先に伝えていくことである。セットポジション（またはワインドアップ）から前足を上げることで位置エネルギーが生まれ、そこから体重移動を起こすことで、並進運動につながっていく。こうして生み出したエネルギーをいかにして指先に伝えるか、それが大きなポイントとなる。

まず、小学生であれば、前足を上げたときに軸足でしっかりと立つことから始めてほしい（p.74右）。重たい頭をどこに持っていけば、バランスよく立つことができるか。プロ野球選手の立ち姿を思い出してみてほしい。一流ピッチャーになるほど、美しく、かっこよく立っているはずだ。後ろにそっくり返るようなことがあると、どうしても体のバランスが崩れ、その後のピッチングフォームに影響が出てしまう。

立つ感覚を習得するために、こんな方法もある。つま先を思い切り外に開いて何秒か立ったあとに、普段どおりに立ってみてほしい（p.74左）。つま先を開くことで骨盤が立ちやすくなり、それが安定した立ち姿勢につながることが多い。

小学生にはレベルの高い話をするが、ピッチャーで大事なのはフォームの再現性である。どれだけ同じフォームで、多くの球数を投げることができるか。細かいことを言えば、そのときの球種やその日のコンディション、マウンドの硬さなどによって、微妙に違ってくることはあるが、根本的なメカニズムは変わらない。

その第一歩となるのが、足を上げたときの立ち方になる。ここで、常に同じような立ち方ができてこそ、ビデオテープのように何度も再現できるフォームを作り上げられるわけだ。

一方で見方を変えていくと、小学生の筋力では同じフォームで投げられる球数には限界がある。プロ野球選手であっても球数が増えていけば、体の疲労によってフォームが崩れていくのだから、小学生となればなおさら。p・41でも述べたとおり、フォームが崩れ始めたときがそのピッチャーの交代時期と判断するのも、ひとつの障害予防につながっていくだろう。繰り返しになるが、成長期に無理をして投げ込む必要はまったくない。

【正しい立ち方を習得する】

動画

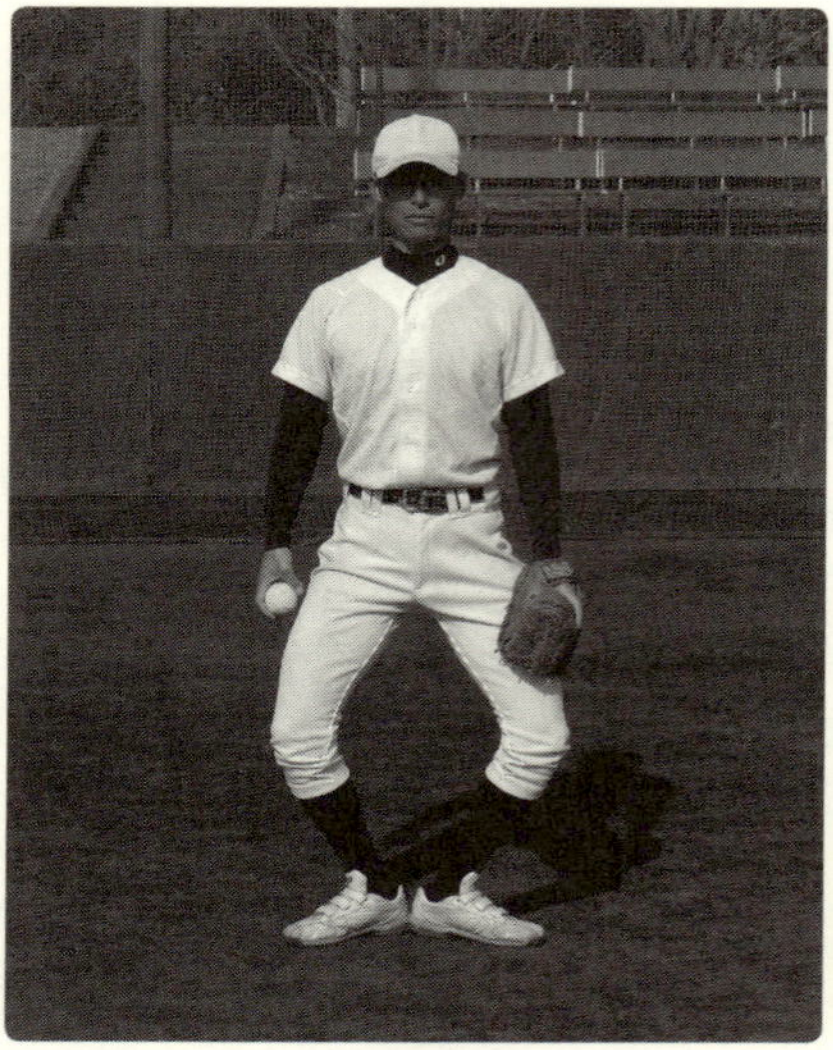

つま先を外に開いた状態で立っていると、骨盤が立ちやすくなり、安定した立ち姿勢につながる

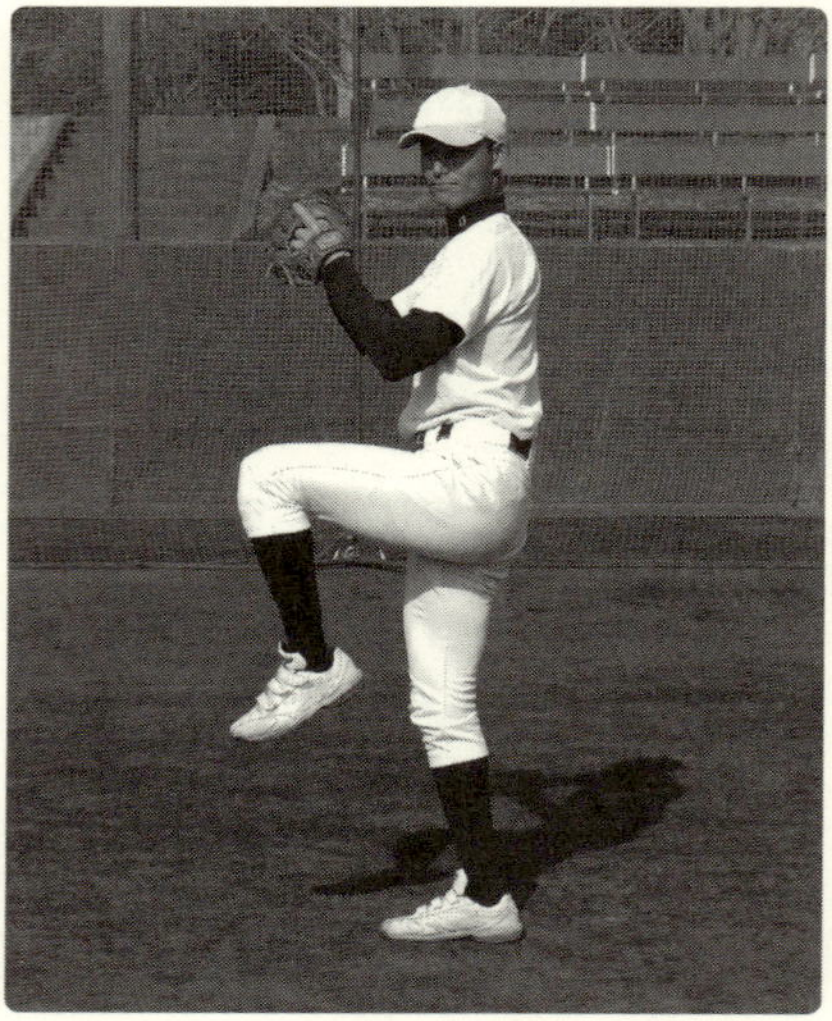

○ 前足を上げたときに、軸足でバランスよく立つことからピッチングが始まる

× 体が「くの字」や、猫背になると、投げにいくときにバランスを崩しやすい

動画 がついたメニューは動画で確認できます。
10ページを確認ください。

体重移動時の軸足の動き

軸足股関節の外転がポイント

p・78にあるイラストを見てほしい。全身の関節に印を打って、投球フォームを線でつないだもので、スティックピクチャーとも呼ばれる分析方法である。左がプロ野球の一流ピッチャー（A）で、右が130キロ台の大学生（B）。背格好に大きな差はない。いわゆる「タメ」を作る瞬間を切り取ったものだが、両者を見比べてみて、どんな違いに気づくだろうか。

キャッチャー方向から見てわかるのは、軸足のヒザと足の位置関係だ。プロ野球選手はつま先の延長線上にヒザがきているが、大学生のほうはヒザが足よりも前に出てしまっている。これは小学生や中学生にもよく見られる動きであり、理想はAの下半身の使い方となる。

このような動きの違いが出るのは、どこに理由があるのだろうか。

カギを握っているのが、股関節の使い方だ。Aのほうは股関節を中心にして「タメ」を作り、

Bはヒザが中心になっている。これを、いかにして股関節を使う動きに変えていくかが、大事なポイントになっていく。なぜ、ヒザが出るかというと、太ももの前側＝大腿四頭筋が優位に働きやすいから。大腿四頭筋は人間の体の中でも大きな筋肉のひとつで、それだけ力が強い。強い筋肉が働くのは当然の原理と言える。

そもそも、日本の文化を見ても、大腿四頭筋が発達しやすい背景がある。たとえば、正座は足の前側に負荷がかかりやすい。また、昔から着物を着る文化があるが、着物で歩こうとすると、足を大きく振り出すわけにはいかない。ヒザから下を静かにスッと動かして、歩いていく。これも、大腿四頭筋を使った歩き方となる。

タメを作るときにヒザを中心に使うと、どうしてもヒザの伸展（曲げ伸ばし）運動が入ってしまう。ヒザを伸ばしたときには、すでに軸足側のエネルギーがなくなり、あとは上半身の力で投げるしかない状況が作られる。さらに、頭がキャッチャー方向に突っ込みやすいフォームにもなる。これでは、下半身で作ったエネルギーを指先にまで伝えることができない。

ここで大事なのは、股関節にエネルギーをためて、軸足に体重を感じながらキャッチャー方向に移動すること。すなわち、横向きの状態を長く作ることにある。横向きとは、右投げであればユニホームの胸のマークが三塁側を向いた状態を指す。このときの軸足股関節の動きを「外転」と言う（p．79）。

一流ピッチャーほど、外転がしっかりと作られている。たとえば、巨人の菅野智之投手は横向きの時間が長いのが特徴である。バッターとしても、横向きのまま体重移動されると、ピッチャーとの間合いがはかりづらくなる。

この外転があることによって、「軸足の粘り」が生まれる。スパイクの裏がすぐに上を向かずに、軸足でプレートを押している時間が長いということだ。実際に押すことはできないので、あくまでも感覚の話として頭に入れておいてほしい。軸足の返りが早いピッチャーに、「プレートを長く押してごらん」と伝えると下半身の使い方が変わってくることもある。

こうした横向きの時間があることで、下半身と上半身の捻転差を作ることができ、「下半身が回り始めても、上半身は残っている」というタイムラグが生じる。

【ステップ期のタメの作り方】

Ⓐ 高速投手

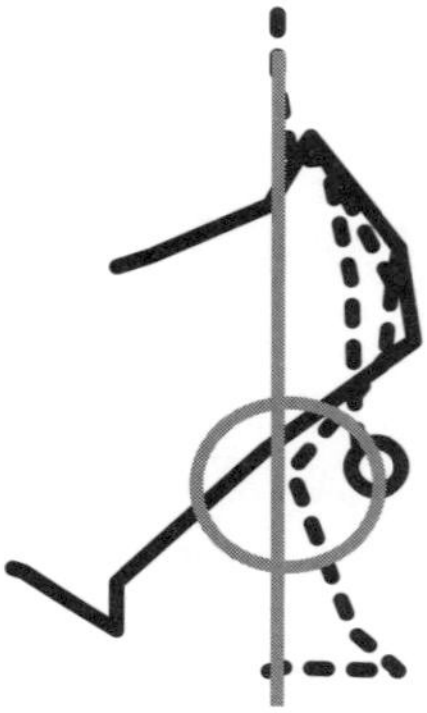

Ⓑ 低速投手

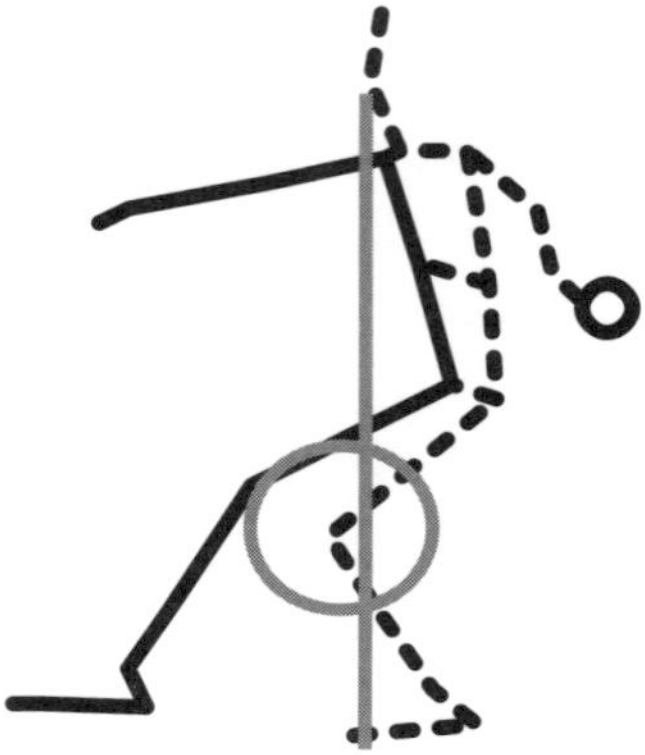

キャッチャー方向から見た際、低速投手は足よりもつま先が前に出て、ヒザ中心にタメを作っているが、高速投手は股関節を中心にタメを作ることができている

○

×

【軸足股関節の動き（外転）】

軸足の股関節を中心にしてタメを作ることで、軸足側にエネルギーを感じながら体重移動ができる。これによって、股関節の外転動作が働き、横向きの状態が長く作られる

股関節の働きを学ぶ

小中学生におすすめのアウフバウトレーニング

股関節を中心にしたタメを作るには、股関節の働きを学び、股関節周りの動きをよくしていくことが必要になる。

まず、股関節の位置を確認すると、骨盤の横、お尻に近いところに付いている（p・82の骨格図）。英語で表すと、『Hip Joint』。「股の関節」という字面から、前側を意識しがちだが、体の後ろのほうに付いているのがポイントだ。もっとわかりやすく表現するとしたら、足の付け根。「足の付け根から動かす」と思うだけでも、それまでとは違う動きに変わる選手もいる。

股関節は、骨盤に対する大腿骨を動かす役割を担い、球関節のために自由度が高く、可動域が広い。球関節とは、骨盤のくぼみにある臼蓋（受け皿）と、大腿骨の丸い骨頭（ボール）が組み合わさったもので、三次元の動きを可能とする。上半身で見ると、肩関節も上腕骨と肩甲骨から成る球関節であり、自由度が高いからこそ、ボールを投げるという難しい動きができているわけだ。

股関節周りの動きを良くするには、「アウフバウトレーニング」がおすすめとなる。ドイツでリバビリ用のトレーニングとして生まれたもので、体にかかる負荷が少ないにもかかわらず、可動性を高めることができる。仰向けに寝た状態から、片足だけを浮かせて外側に開いたり、横向きの姿勢から足の上げ下げを行ったりと、さまざまな種類がある（p・83右）。

遊び感覚でできるものには、「骨盤歩き」がある（p・83左）。長座の姿勢から、骨盤を左右に動かすことによって前進・後退していく。手は地面に着けないこと。股関節周りの動きが悪い選手は、なかなか進んでいかない。子どもであれば、骨盤歩きでリレーをすると、楽しみながら股関節周りを鍛えることができる。

【下肢の骨格図】

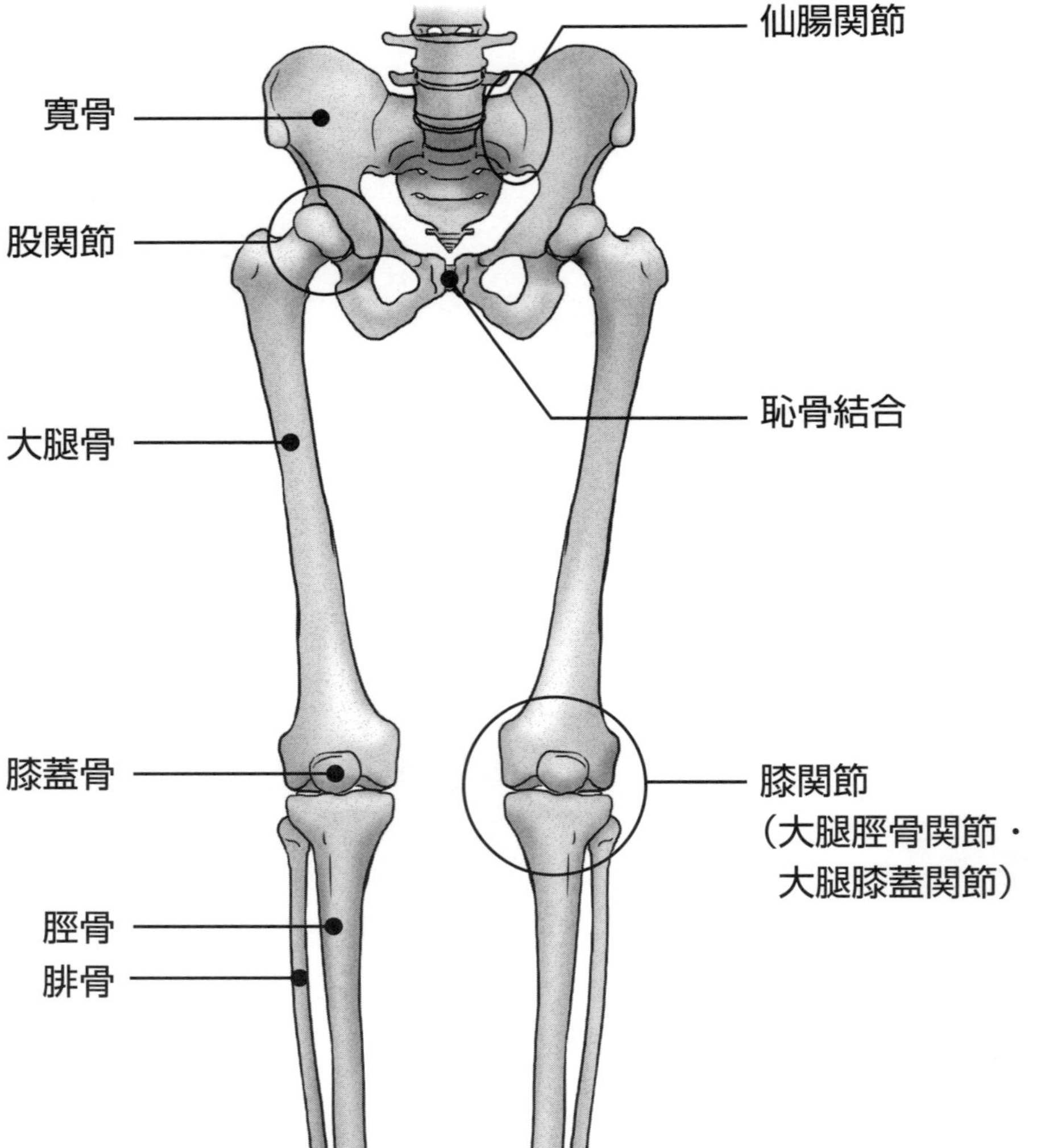

【骨盤歩き】

長座の体勢から、骨盤を左右に動かすことで前進・後退していく。手は地面に着けず、骨盤の動きだけを意識する

【アウフバウトレーニング】

仰向けに寝た状態から、片足だけを上げて、地面ぎりぎりまでゆっくりと下ろす。この動きを繰り返す

がついたメニューは動画で確認できます。
10ページを確認ください。

投球における内転筋群の役割

軸足の粘りにつながる内転筋

股関節とともに、下半身の重要な役割を担うのが内転筋群（以下、内転筋）である。骨盤から大腿部にかけて位置するインナーマッスルで、主に大内転筋、小内転筋、長内転筋、短内転筋から構成されている。

軸足の粘りは、内転筋の働きがあってこそ成し遂げられる動きである。前足を踏み出したとき、軸足はプレート側に伸ばされた状態が作られる。ここで内転筋が弱いと、伸ばされた負荷に耐えることができず、足が早く返る原因となってしまうからだ。

さらに言えば、両足の内転筋をギュッと締めることによって、骨盤が小さく鋭く回転していく。巨人のスーパースター・長嶋茂雄さんが「股間を締めて打ちなさい」と指導していたが、そのイメージに近い。ピッチングでも、内転筋を働かせることが回旋運動につながっていく。

じつは、普段何気なく歩いているときにも、一歩一歩の支持に内転筋が使われている。内転筋が弱いと、内側に締める動きがなくなり、極端に言えばガニ股になっていくのだ。

授業中の姿勢にもつながってくる。足を開いているよりは、内側に締める意識を持ったほうが強化につながる。メディシンボールなどを股の内側に挟んで、両方の太ももで挟み込むのはポピュラーなトレーニング方法である。

内転筋は体のバランスが崩れ、倒れそうになるのを耐えるときにもよく使われる。子どもたちの遊び場で見かけるが、柔らかいクッションやふわふわのマットの上を走るのは、おすすめだ。片足を接地するたびに、内転筋でバランスを取る力が働く。当然、子どもたちには「内転筋を鍛えている」という意識はなく、遊びのなかで自然に身につくのが理想となる。

内転筋を鍛えるトレーニング

片足でバランスを取り続ける

トレーニングとしておすすめしたいのが、「ランジ」「ボールタッチ」「サイドステップ」だ。小学生からプロ野球選手まで実践しているメニューで、回数や距離を変えることによって、強度を調節することができる。

●ランジ（戻し）

片足を前に踏み出し、ヒザの角度を90度（あるいは90度よりもやや広め）に保つ。前足の股関節に体重を乗せたあと、一歩ですぐに戻る。もっともオーソドックスなランジトレーニングで、ハムストリングスやお尻周辺の筋肉を鍛える効果がある。（p・90）。

このとき、両ヒザをしっかりと正面に向け、ヒザがぐらぐらしないように注意。特に、踏み出したほうのヒザとつま先が同じ方向になるように意識を向ける。お尻は、それほど深く沈める必要はない。

踏み出した足がピタッと止まるようになれば、コントロールが安定していく。小学生は筋力的な弱さがあって、まだ難しいかもしれないが、1日に片足5回ずつでもいいので挑戦をしてほしい。このときの踏み出し幅が、ピッチングのステップ幅の目安となる。意外に狭く感じるかもしれないが、小学生や中学生の場合はステップ幅が広くなりすぎると、前足が止まりにくくなる。

●ボールタッチ

左足の前に置いたボールを右手でタッチする（p・91）。片足立ちでバランスを保つことによって、内転筋に刺激が加わる。T字の姿勢を作ったときに、ふらふらしないようにしたい。ボールを投げる動作は、片足から片足への体重移動になり、その不安定さの中で上半身を動かさなければいけない。そのため、片足立ちでのバランス感覚が非常に大事になっていく。小学生であれば、8回1~2セット。中学生なら、8回3セットが目安になる。ボールタッチする際に体が開かないように注意してほしい。

●ヒップローテーション（片足乗せ）

基本的なランジ、ボールタッチでバランスを整える力や内転筋を鍛えたあとには、次のステップとして、片足を段差（イスや階段など）に乗せて行うランジがある。ある程度、筋力が発達してきた高校生以上に向けてのトレーニング方法だ。筑波大の学生も取り組んでいるが、ここで内転筋の使い方を覚えて、球速が5キロ近くアップしたピッチャーもいる。

ピッチングと同様のステップ幅を取り、軸足（右ピッチャーなら右足）だけを段差の上に乗せる。棒をかついで右の股関節をゆっくりとキャッチャー方向に押し込んでいく。最終的には、軸足のヒザが正面に向き、右の腰がキャッチャー方向に真っ直ぐ向くところまで押し込む。（p．92）

狙いとしては、内転筋を使うことで、骨盤が回る感覚を養うことにある。肩を回すのではなく、内転筋で骨盤を回す感覚をどれだけつかめるか。

●サイドステップ

アップで取り入れているチームもあるとは思うが、そのやり方にポイントがある。横向きを保ったまま、後ろ足で進んでいくことだ。左に進むのであれば、右足を使って進んでいく（p．93）。右足で地面を長く押す感覚をつかんでほしい。このときになるべく目線を一定にして、上下動を抑えること。ヒザの屈伸を使うと、上下動しやすくなる。小学生や中学生に多いのが、「速く進みたい」と思って、進行方向側の腰が開き、横向きが失われてしまうことだ。ゆっくりでいいので、足の内側やお尻の筋肉を意識しながら、取り組んでほしい。

正しくできるようになったら、次のステップとして、両足を伸縮性のあるバンドで結ぶ方法がある。一歩進むごとに、内転筋に強い負荷がかかる。骨端線が閉じてからのトレーニングとして、取り入れてみてほしい。足の内側がジワジワと鍛えられていく感覚がわかるはずだ。日本ハムのキャンプでは、背中にシャフトをかついでサイドステップをしていた。

サイドステップは、筑波大の陸上の先生に言われた言葉がきっかけになっている。

「野球は横向きの動きが多いのに、横の動きを重視したトレーニングが少ないですよね」

たしかにそうだなと。自分自身で思い返してみても、野球の世界は前にばかり進むトレーニングが多い。陸上の先生の言葉を聞いて以来、サイドステップを重要視するようになった。ピッチングやバッティングの体重移動に直結している。

【ランジ（戻し）】

✕ 左足のヒザが落ちてしまっている

✕ 踏み込んだヒザの角度が 90 度より浅いと効果が薄れる

○ 前足を踏み込み、ヒザの角度を 90 度に保つ。体重を乗せたあと、一歩で戻る

動画 がついたメニューは動画で確認できます。
10 ページを確認ください。

【ボールタッチ】

内転筋群を鍛えるバランストレーニング。真っ直ぐ→水平→ボールタッチ→水平→真っ直ぐと、片足の状態でバランスを保ち続ける

動画 がついたメニューは動画で確認できます。10ページを確認ください。

【ヒップローテーション（片足乗せ）】

筋力が発達してきた高校生以上に向けてのトレーニング。軸足だけを段差に乗せて、軸足の股関節をゆっくりとキャッチャー方向に押し込む。最終的には、軸足側の腰がキャッチャー方向に真っ直ぐ向くところまで骨盤を回す

がついたメニューは動画で確認できます。
10ページを確認ください。

【サイドステップ】

目線を変えずに、横方向にステップを踏む。目線は常に正面に向けておく

ヒザの屈伸を使って飛び跳ねて進むと、内転筋を鍛えられない

がついたメニューは動画で確認できます。
10ページを確認ください。

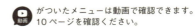

投球における胸郭の重要性

下肢と上肢の捻転差

前ページで紹介したランジの最終形が、p・97のランジ姿勢である。

前足一本で立った状態から、踏み出し足のステップまでを一連の動作で行う。ここでのポイントは、前足は着地しても、上がまだ残っている（＝回り始めていない）ところにある。俗に「割れ」と表現される形である。ここで上半身まで一緒に回ってしまうと、上と下で捻りの差（捻転差）がなくなり、強く速い球を投げられなくなってしまう。

じつはこれは、工藤公康さんが話されたトレーニング方法で、現役時代の工藤さんは1日に1000回繰り返していたそうだ。足を上げてから、踏み込むところまでの動きを、このランジで作り上げていた。

簡単そうに見えるかもしれないが、かなり難しい。大学生にやらせてみると、足を踏み出すと同時に、肩まで回ってしまう。肩を残すためには、上半身をセカンド方向に回すようなイメージを持つといいかもしれない。

小学生や中学生は数回程度で十分だが、体ができてきている高校生はこのランジを繰り返し行ってほしい。

ただ、理想の形を作るには体の柔軟性が必要になってくる。具体的に言えば、胸郭と呼ばれるところの柔らかさだ。左右両側の肋骨の周辺を胸郭と言い、ここの動きが硬いと、下半身の動きに上が着いていってしまうのだ。

そこで、みなさんの胸郭がどのぐらい動くのか、チェックをしてみたい。

イスに座った状態から、腰は動かさずに、肩だけを後ろにグーッと捻ってみてほしい。目線は正面に向けたままとなる。ピッチャーをやるのであれば、腰に対して肩が90度になるまで捻ることができたら、可動域としては合格ラインとなる。

胸郭を動かすトレーニング方法は2つある。

まずは、ひとりでできるのが四つん這いからのストレッチだ。p・98右のように頭に手をつけて、骨盤を動かさずに上体だけを上にねじっていく。

さらに可動域を出すためには、二人一組のストレッチがおすすめ。長座の状態から、ボールを投げにいくトップの形を作り、右肩と左肩が真っ直ぐ一直線のラインになるところまで、パートナーに押し込んでもらう。このとき、腰はなるべく動かないように、固定をしておく（p・98左）。股関節が高い場合は長座ではなく、ヒザ立ちでも構わない。

胸郭の柔軟性は胸の張りにもつながっていて、地道にストレッチを続けることで、球速アップを手に入れることができる。ピッチングフォームも大事であるが、ストレッチやトレーニングによって体を変えていくことも、ピッチャーの成長には欠かせぬポイントになる。

【ランジ姿勢の“最終形”】

踏み出したつま先が閉じていたり、前肩が開いていたりするのはＮＧ

前足を着地したときに、上を残した「割れ」の姿勢を作る

がついたメニューは動画で確認できます。
10ページを確認ください。

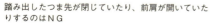

【胸郭を動かすストレッチ】

動画

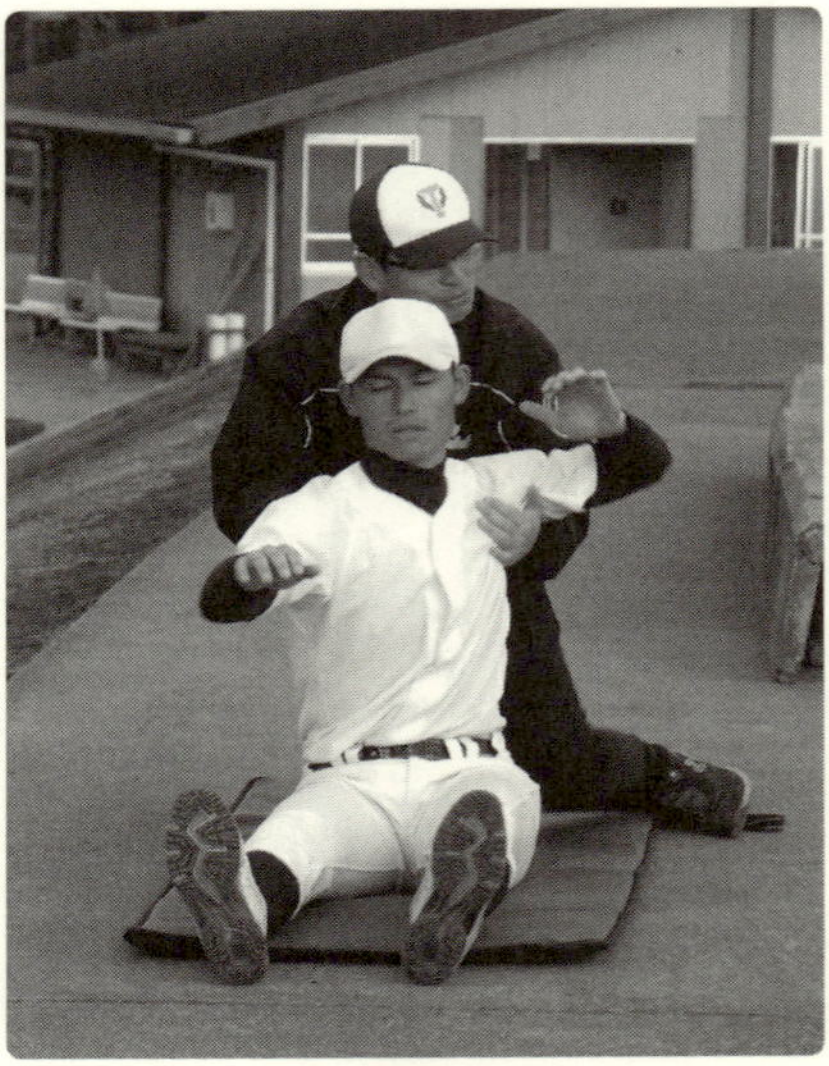

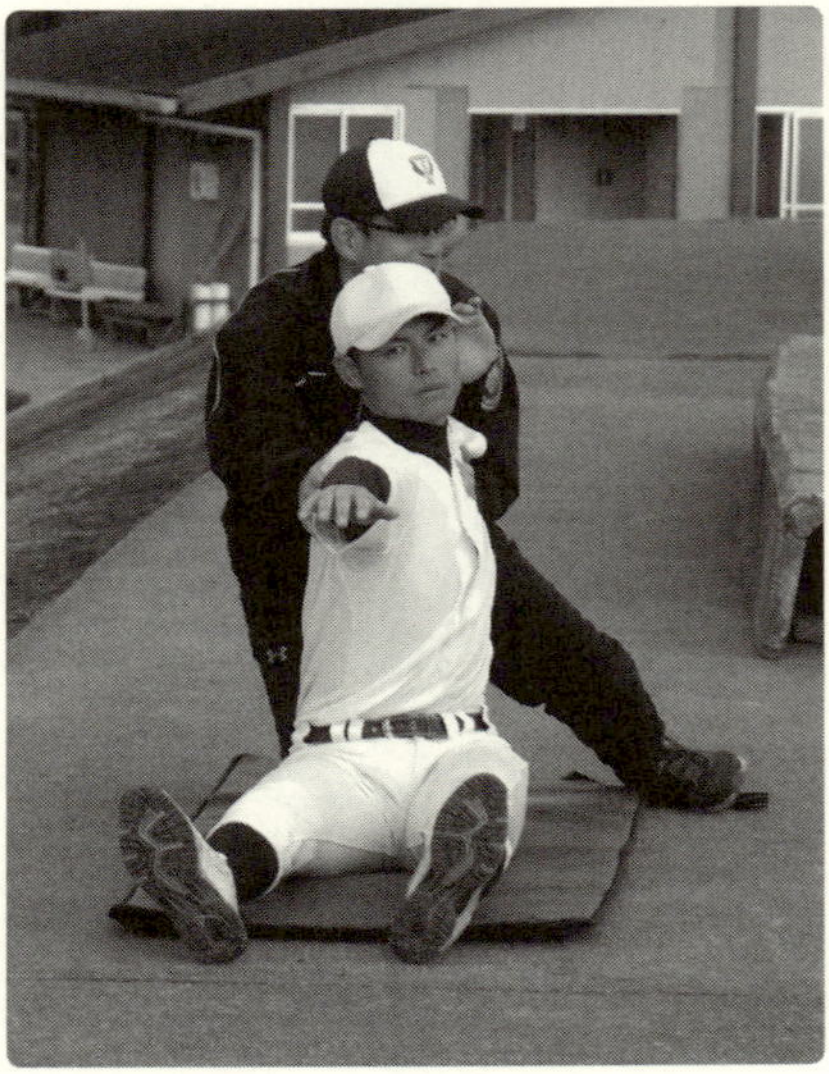

パートナーの手を借りて、右肩と左肩が真っ直ぐ一直線になるまで上体を捻る

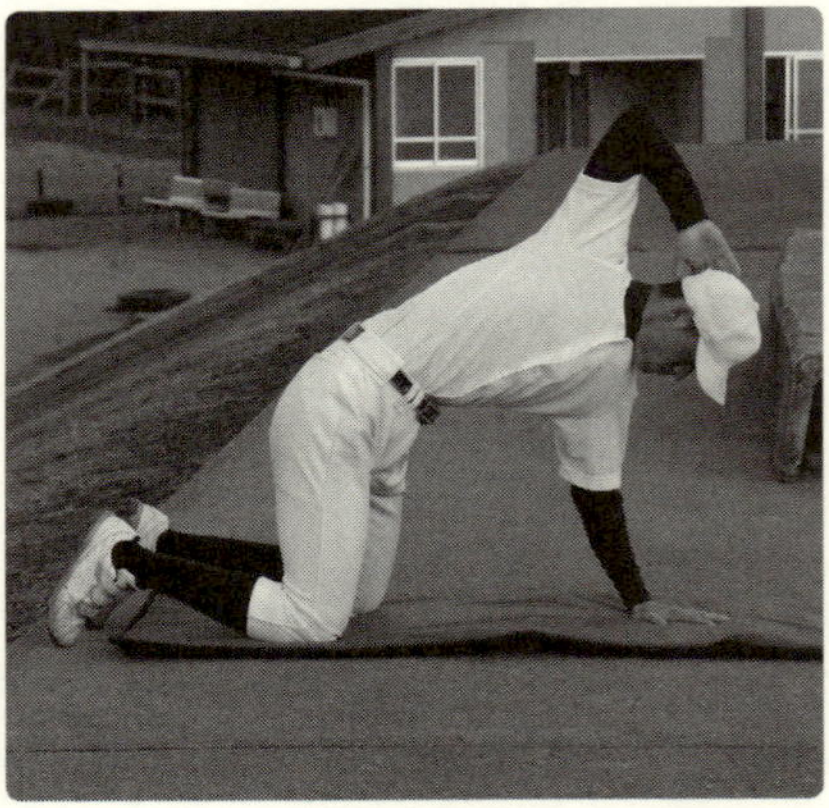

四つん這いで頭に手をつけた姿勢から、上体だけを上に捻っていく

動画 がついたメニューは動画で確認できます。
10ページを確認ください。

お尻が上がる投球フォーム

いいピッチャーほどお尻が上がる

投球時の下肢の使い方に関して、もう少し解説していきたい。

注目するのは、踏み出した足にある。踏み出した足のヒザがピタッと止まることによって、股関節伸筋群の作用が働き、上向きのエネルギーが体に伝わっていく。その結果として、太ももの裏にあるハムストリング、お尻周辺にある大臀筋や中臀筋といった筋肉が働き、グンと上がる動作が生まれる（p・102下）。一流のピッチャーに見られる共通点と言っていい。

この動きを覚えるために、「ステップアップ」というドリルがある（p・103上）。高さ40センチほどの台に踏み出し足を乗せて、股関節で踏み込む。その結果、お尻が上がるという運動のつながりを覚えていく。実際にやってみるとわかるが、先にヒザの曲げ伸ばしを使ってしまうと、お尻は上がっていかない。ヒザは止めた状態で、股関節を使う。はじめは、ヒザがつま先より前に出ないように、パートナーに押さえてもらってもいいだろう。

「プロ野球選手はお尻が大きい」と言われることが多いが、見方を変えれば、お尻の筋肉を使える動き方をしているということだ。極端に言えば、1球投げるごとに大臀筋や中臀筋を鍛えていると言うことができる。

お尻の筋肉を鍛えるには、p・93で紹介したサイドステップに「手でスネに触れる」という条件づけを加えると、負荷がかかる場所が変わってくる（p・103下）。特に中臀筋を鍛えるのに、おすすめのトレーニングである。

結局、p・99でも説明したとおり、ヒザを使ってしまうと、太ももの前側の大腿四頭筋が優位に働いてしまう。股関節を使えると、ハムストリングや大臀筋といった体の後ろ側の筋肉が働きやすくなり、お尻が持ち上がるようになるという理屈である。

こんな実例がある。メジャーリーグで活躍する大谷翔平投手は、2016年頃まで踏み出した前足がプレート側にずれる動きがあった。当時は大学院に通っていた工藤公康さんに、「大谷投手のあの動きは、どう考えればいいですか？」と尋ねたことがあった。すると、工藤さんが持っていた感覚を教えてくれた。

「ステップしたときにスパイクの刃を地面に引っかけて、レーキのようにプレート方向に引くイメージを持っていました。そうすることによって、お尻が上がっていきます」

感覚的な話なので、個人によって合う合わないは出てくるが、踏み出し足を止めるひとつの方法として、実践してみる価値は十分にあるだろう。

【尻が上がる投球フォーム】

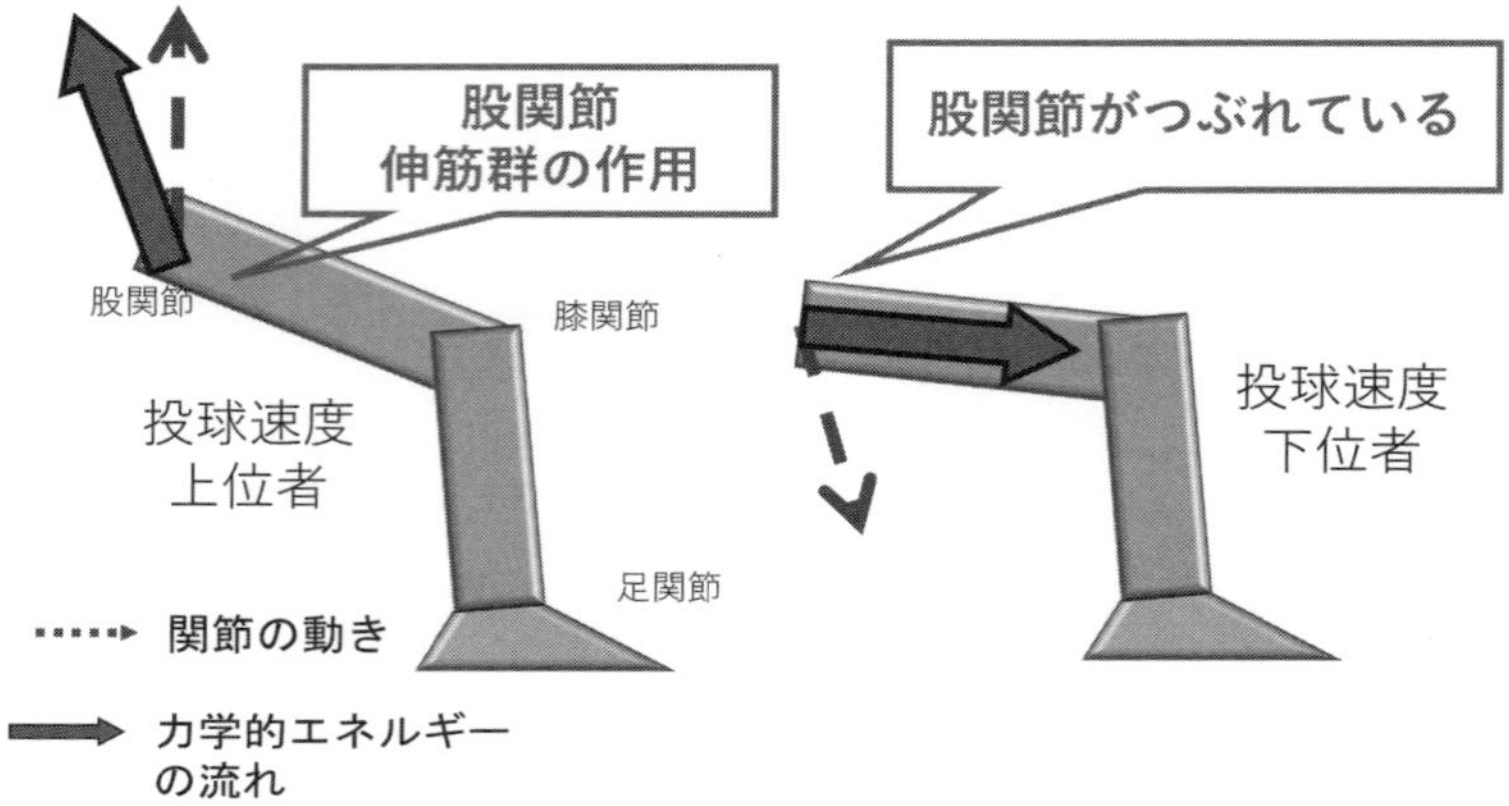

コッキング局面における上位者および下位者のストライド脚

（島田2000）

踏み出した足のヒザが止まることで、股関節伸筋群の作用が働く。それによって、上向きのエネルギーが加わり、尻が上がっていく

【ステップアップ】

前足を段差のあるところに乗せて、ヒザではなく、股関節を使って登っていく

【サイドステップ（スネ触り）】

通常のサイドステップの動きに「手でスネに触れる」という条件を加えると、中臀筋を鍛えることができる

がついたメニューは動画で確認できます。
10ページを確認ください。

投球時の指の使い方を知る

人差し指と中指で回転をかける

ここまで、上肢と下肢のポイントを解説してきた。最後に紹介したいのが、ボールを投げるときの指の使い方だ。

読者のみなさんはストレートを投げるときに、どのような感覚で投げているだろうか。指導者であれば、選手に聞いてみてほしい。ボールを「はじく」「つぶす」「切る」「叩く」と、ピッチャーによってさまざまな感覚の違いがある。難しいのが、あくまでも感覚の話であって、実際の動きはそうなっていないこともあるという点だ。感覚の言語化は難しい。それでも、自分に合った感覚を探し、磨いていくことによって、能力が一気に覚醒することもある。

では、実際にハイスピードカメラで撮影すると、リリース時にはどのように指を使っているか。これは一流のピッチャーにほぼ共通していることだが、カギ型を作ったまま、すなわち指の関節を曲げたまま投げている（p・107右下）。関節が伸びた状態ではない、ということだ。

とはいえ、指にはボールの重さがかかるため、ある程度の抵抗を感じながら投げていることになる。このときに重要なのは、カギ型を作りながらも指のしなりを利用して、ボールを抑え込むことだ。指の関節が伸びきると、指先でボールに強い回転をかけられなくなってしまう。

どれだけきれいなフォームで投げていても、中指と人差し指でボールに強い回転をかけられなければ、速い球を投げることはできない。当たり前のことだが、最後は指先からボールが離れていくからだ。

回転をかける感覚を養うために、小学生や中学生であれば利き手に軍手をはめてのキャッチボールがおすすめだ。指とボールの間に布が1枚挟まることによって、より回転をかけづらい状況が生み出される。はじめのうちは、うまく回転をかけられずに、自分の右側にボールが抜けることが多いかもしれない。そして、何球か投げたあとに、軍手を外して投げてみる。いつもとは違って、指にかかる感覚が生まれてくるはずだ。

高校生、大学生には、「指投げ」をおすすめしたい（p・107上）。筑波大の学生もコツをつかむために時間がかかったトレーニング方法である。両足を少し開き、ヒジを高く上げた状態から、指先の力だけを使って、強いライナーを投げる。手首の動きは極力使わない。感覚としては、ボールの抵抗を感じたところで、ボールをつぶすイメージで投げる。はじめは短い距離しか投げられないが、感覚をつかむと10メートル近く投げられるようになる。

以前、うちでエース格として活躍していたピッチャーが、ヒザの靭帯を切ってしまい、投球ができない時期があった。そのときに、「指投げ」をやったところ、復帰後にボールのスピードが速くなった。これがすべてとは言い切れないが、一因としては十分に考えられるだろう。

また、聞くところによると工藤公康さんは、リリースの感覚を高めるトレーニングとしてこんなやり方をしていたそうだ。

「発砲スチロールのボールで練習をしていました。発砲スチロールであっても、指に重さを感じることができるか。それを感じられるようになれば、指がしなる感覚が身についてきます」

「軽いボールでも重さを感じる」という感覚が、プロのトップレベルで戦ってきた工藤さんならではと言えるだろう。

【リリースの感覚をつかむ練習】

動画

指投げ。ヒジを高く上げた状態から、指先の力だけを使って、ボールを投げる

軍手をはめて、回転を掛けにくい状況を作る

リリースの瞬間、指はカギ型になっている

動画 がついたメニューは動画で確認できます。
10ページを確認ください。

指の力の方向と球速の関係性

リリース時に下方向に力を加える

指の使い方に続いて、指の力の方向性について紹介したい。これは、高校生や大学生に向けての話となる。ボールに回転を加えるときに、どの方向に加えるか。「キャッチャーに投げるのだから、ホーム方向でしょう?」と思うだろうが、じつはそうとも言い切れないのだ。

今は、高校生でも150キロを投げる時代であり、おかげで140キロ台と150キロ台のピッチャーで動作にどんな違いがあるかを、研究できるようになった。調べてみてわかったのは、フォームにおいては大きな違いはないということ。その中で、唯一ともいえる大きな違いは指の使い方にあった。具体的に言えば、リリース時の人差し指と中指の力の方向性である。

p・110がその動きを調べたもので、実線が指の力の方向で、点線がボールの方向となる。球が速いピッチャーほど、下向きに実線が伸びているのがわかるだろうか。遅いピッチャーは、キャッチャーの方向に実線が伸びている。キャッチャーに投げるにも関わらず、150キロを超えるピッチャーは、下方向の力を加えているというわけだ。

おそらくは、データでは見えなくても、感覚として「下方向」をイメージしているピッチャーもいるはずだ。筑波大の大学院に所属していた新谷博さん（元西武）は、「いいボールが投げられているときは、指でボールをグッと押さえる感覚があった」と話をされていた。また、吉井理人さんは、「常にボールの上に指が乗っている感覚を大事にしていた」と言われていた。この意識があると、下方向に力を加えやすくなるかもしれない。

一方で、指先の感覚は繊細で、末端にあるゆえに器用に動かすことができる。だからこそ、指先ばかりを気にしすぎると、リリース感覚が狂ってしまうことがあるので注意が必要となる。

【指の力の方向と球速の関係性】

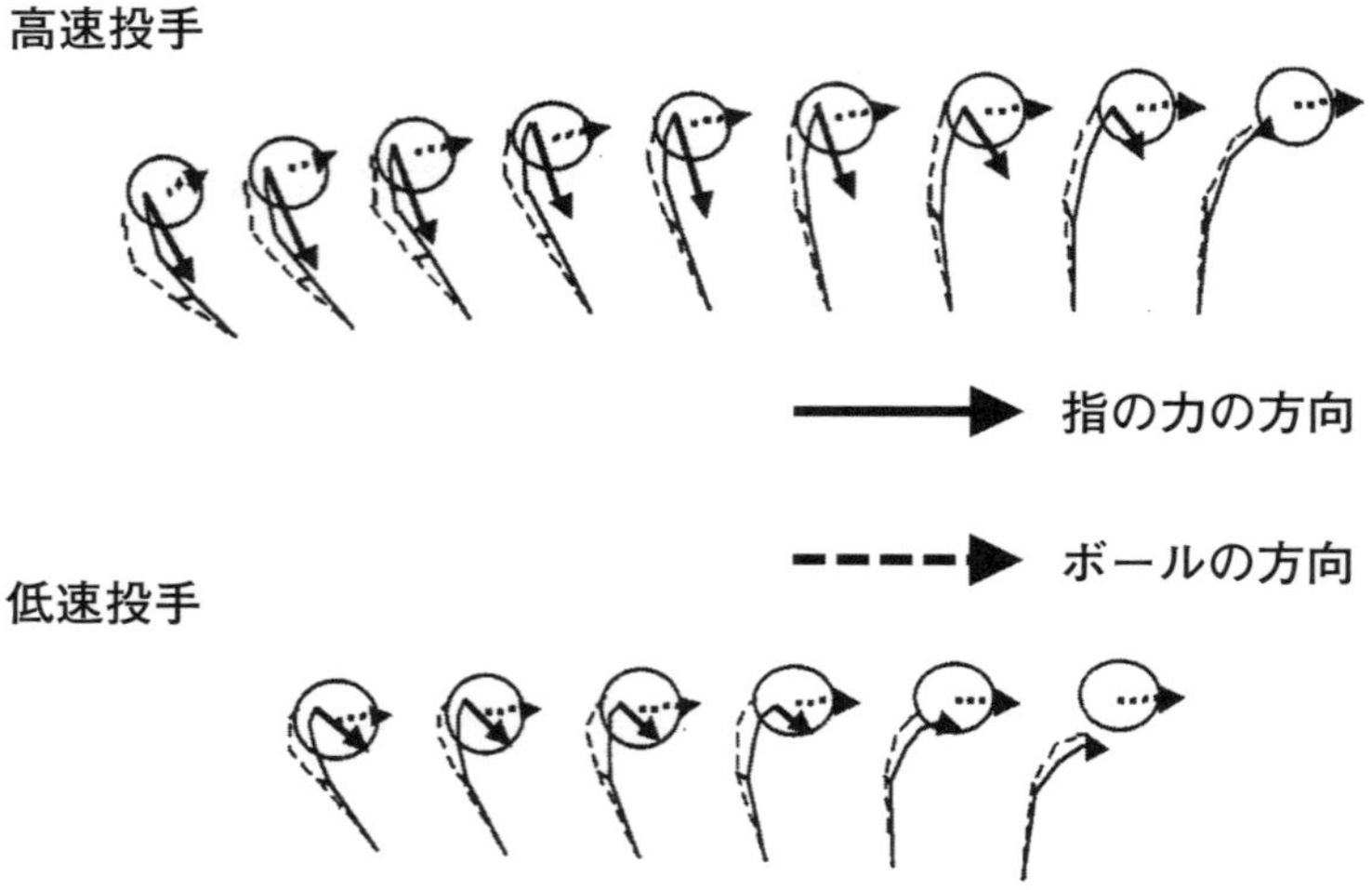

リリース付近のボールに与える指の力（高橋、2000）

高速投手は下方向の力が大きい

制球力を高めるための遊び

放物線で目標を狙う

「コントロールをよくしたい」と、野球選手であればだれもが思うことだろう。ピッチャーだけでなく、野手にとっても、野球選手として生きていくうえで大事な要素のひとつになる。

筑波大では研究機関としてさまざまな試みをしているが、「これでコントロールがよくなった」とおすすめできるのがパラボリックスローだ。パラボリックとは「放物線」の意味。投げ手から離れたところにゴミ箱やボールカゴを置き、目標めがけてフワリと投げ入れる（p.114右）。

きっかけになったのは、運動学習を専門分野にする先生の言葉だった。バスケットボールのフリースローを研究していくなかで、気づいたことがあるという。

「フリースローが得意な選手は、奥行きの感覚が優れている。たとえば、自分からカベまでの距離が何歩であるか、ほぼ正確に当てることができる。こうした感覚が、コントロールにつながっているのではないか」

私たちも、無意識のうちに目標までの距離を判断して、投げる力を調整している。10メートルと20メートルの距離で行うキャッチボールであれば、力の入れ具合を変えているはずだ。

この奥行きの感覚を、遊びのなかで磨いていくのがパラボリックスローとなる。大事なことは、目標を狙うという行為であって、カゴに入ったかどうかは問わない。立って投げてもいいし、座って投げてもいい。くしゃくしゃに丸めた紙やティッシュをゴミ箱に入れるように、遊び感覚でトライしてみてほしい。

小学生に対して、パラボリックスローをやる前と後で「制球力テスト」(的の真ん中に当たれば3点、周りに当たれば2点と点数化)を実施したところ、平均4点の制球力アップが見てとれた。「たった4点?」と思うかもしれないが、放物線を投げているだけで4点もアップするというのは、過去のさまざまなメニューと比べても、かなりの効果がある。

シニアリーグの中学生にも協力してもらい、週3日で計30球、それを4週間にわたって実施してもらった。このときも、チーム全体の制球力が上がった。

投げ手と目標物との距離は、小学生であれば5メートルほどでいい。大学生は、10メートルの距離を取っている。目的は放物線を描くことなので、大学生で5メートルの距離にすると、ヒョイと投げられてしまう。投げ手と目標物の間に、あえてティーネットを置いてみるのも面白いだろう。「ネットを越えてからカゴに入れる」という約束事をもうけることで、放物線で投げざるをえなくなる。

筑波大でいつも使っているのは直径43センチのゴミ箱だ。公園にあるようなゴミ箱で、43センチというのはホームベースとほぼ同じ大きさとなるので採用した。ホームベースの横幅は43．2センチ。ボールが少しでもかすればストライクと考えると、7個分のボールが入る。

また、どこまで効果があるかわからないが、さまざまな重さ、大きさ、種類のボールを投げるようにしている。ボールをつかんだときに、手のひらや指でボールの違いを判断して、それによって奥行きを調整しようとする力が働くのではないかと仮説を立てている。

バドミントンのシャトルを使うのも面白い（p．114左）。斜め上に投げ上げて放物線を描かなければ、ゴミ箱に入ってくれない。投げ上げようとすることで、ヒジが上がるようにもなっていく。

【パラボリックスロー】

動画

バドミントンのシャトルを投げると、放物線をよりイメージしやすくなる

さまざまなボールを手に取り、5～10 メートル先の目標にフワリと投げ入れる

動画 がついたメニューは動画で確認できます。
10 ページを確認ください。

イップス対処法

送球の幅を増やしておく

「イップス」は野球の指導に関わる人であれば、一度は耳にしたことがある言葉だろう。自チームの選手がイップスに悩んでいるという指導者も多いかもしれない。

イップスの定義そのものはあいまいなところもあるのだが、広い意味で「自分の体を自分でコントロールできない」と意味づけることができる。キャッチボールやトスバッティングで怖い先輩に投げているうちにリリースの感覚がおかしくなったり、テスト休み明けでボールを投げてみたら、今までにはない違和感を覚えたりと、そのきっかけはさまざまある。

そのうち、投げることが怖くなり、キャッチャーであればピッチャーにとんでもない返球をしたり、ピッチャーの場合はストライクがまったく入らなくなったり、周りから見ていて信じられないプレーが起きてしまう。

このような選手に、指導者としてはどのような対応をすればいいのか。

正直、正解はない。「イップス」を自覚させたほうがうまくいくこともあれば、あえて何も言わないほうがいいこともある。私自身が心がけているのは、悪送球や暴投に対して厳しく怒らないということだ。たとえば、外野手がセカンドに返球するときに、とんでもないワンバウンドを投げたとする。明らかに、何かがおかしい。若いときは、「何やってんだ！　しっかり投げろ！」と言っていたが、今は極力言わないようにしている。しばらく放っておくうちに直ることもあるからだ。過去には悪送球を怒りすぎたことにより、余計に悪くなってしまった選手もいた。

さまざまな角度から、イップスの症状を持つ選手を研究してみてわかったこともある。ハイスピードカメラでリリースの瞬間を撮影すると、親指が離れるタイミングが遅いことだ。投げることに対する怖さもあるのか、ボールを握るときから親指を強く握ってしまい、その結果として前腕が緊張し、うまくボールをリリースできなくなってしまう。対処法としては、「指投げ」（p．107）や「パラボリックスロー」（p．114右）で、ボールに回転をかける感覚を取り戻していきたい。

昔からある練習だが、仰向けに寝転んで、天井スレスレを目がけて、ボールを投げ上げるのもおすすめだ。また、手首から手の甲にかけて、テーピングや輪ゴムを8の字にかけることによって、指のフックを作りやすくもなる。こうしたことで、イップスが直っていく選手もいる。

そして、小学生や中学生のうちから短い距離でのスナップスローを練習しておくのも、イップス対策になる。上から投げたときに「何か、おかしいな」と思ったら、一時的にサイドスローで投げられることができるからだ。特に、ファーストまでの距離が近いセカンドはこうした対策で、イップスとうまく付き合うことができる。

プロ野球界で名手と呼ばれている内野手でも、じつはイップス持ちの選手が多い。それでもプロで活躍できているのは、「送球のバリエーション」を持っているからだ。上からが無理であれば、横からでも下からでも投げられる。言葉は悪いが、うまく逃げることができるのだ。横から投げているうちに、上投げの感覚が戻ってくることだってある。いつの日か、「何か、おかしいな」という感覚に陥ったときのためにも、小さい頃から投げ方の幅を増やしておきたい。

【イップス対処法】

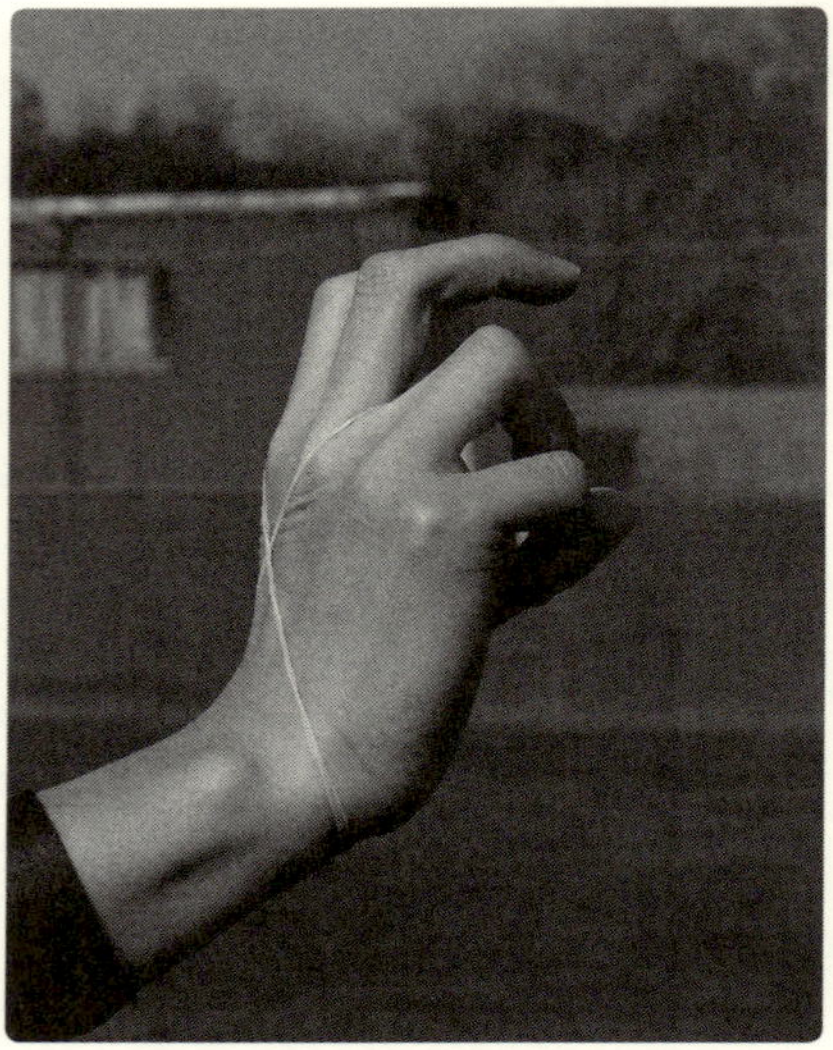

輪ゴムを8の字にかけたまま投げると、指のフックを作りやすくなる

投げ方のバリエーションを増やすためにも、サイドスローを練習しておく

動画 がついたメニューは動画で確認できます。
10ページを確認ください。

第 3 章

守備の指導法

ポジションを固定しない

さまざまな視界から野球を見る

第3章では「守備」の指導法について紹介していきたい。内外野の守りに加えて、キャッチャーのスローイングやピッチャーのフィールディングなど、守備の範囲は多岐におよぶ。

先に総論的なことから書くと、小さいうちからいろいろなポジション、さまざまな動きを経験させてあげてほしい。野球という競技は、「キャッチャーならキャッチャー」「外野手なら外野手」といったようにポジションを固定することが多いが、それは高校生や大学生になってからでいい。小学生や中学生のうちは、できる・できないに限らず、多くのポジションを守る経験がその後の野球人生に生きてくる。

大学生を例に出すと、「小さいときから外野しかやっていません」という選手は、短い距離でのスローイングが苦手だったり、不規則なバウンドへの対応が脆かったり、どこか不器用に見えることが多い。それに、ひとつのポジションしかやっていないと、コンバートへの対応が遅れてしまう。ひとりで2～3ポジションを守れるぐらい、プレーヤーとしての幅の広さを持ってほしい。

守備位置が替わると、視界も変わる。ショートから見える景色と、キャッチャーから見える景色はまったく違う。それによって、何らかの発見があるはずだ。

たとえば、キャッチャーの目の前にはバッターがいる。左バッターのときに二塁盗塁のスタートを切られると、バッターの視界に一瞬隠れて、ランナーのスタートが見えないことが起こり得る。これが「ディレードスチール」という、スタートのタイミングを遅らせる方法を取られると、さらにスタートが見えづらくなり、二塁への送球が完全に遅れる。こうしたキャッチャーからの視界を、盗塁の技術に生かせることもあるのだ。

「捕る」より先に「逃げる」を教える

初心者にとって一番のカベは捕球

初心者や小学生に対して、守備をどのように教えていけばいいか。

これがなかなか難しい。これまでの経験上、ボールを投げることはできても、捕ることができない子が多い。キャッチボールが続かず、試合をやってもアウトが取れない。結果、失点がかさなっていく。相手によっては、セーフティバントやゴロ打ちで、守備陣のミスをあえて狙ってくるような場合もある。「ゴロを打てば何かが起きる」とは、昔からある日本野球の格言のようなものだが、その言葉どおりに何かが起きやすいのが小学生期の守備と言える。

初心者というカテゴリーで考えたら、はじめのうちから「捕球」を教えないことがポイントになる。ボールを捕れない子の原因をひも解いていくと、「ボールが怖い」「ボールとの距離感をはかれない」という2点が挙がる。野球経験者は何気なくボールを捕っているが、初心者の子どもたちにとっては、非常にハードルが高い動作になるのだ。

想像してみてほしい。自分の体に向かってくるボールに対して、グラブを差し出して、目の前でパチンとキャッチする。もし、グラブで捕れなければ、体にボコンと当たる。だから、恐怖心を感じてしまうわけだ。

私が提唱しているのが「逃げる→落とす→捕る」という手順である。遠回りのようでいて、このほうが、上達が早いことを実感している。

まずは「逃げる」（p・125右）だ。「当たりたくないから逃げる」。大げさに逃げていい。使用するボールは、カラーボールやスポンジボール。あらかじめ、「万が一当たっても痛くない」とわかっていれば、恐怖心を和らげてあげることができる。投げ手との距離は1メートルから始めて、下からの緩いトスでいい。ここから3メートル、5メートルと徐々に距離を広げていき、「自分に向かってくるボールとの距離感をはかりながら逃げる」という動きを繰り返していく。

大げさに逃げられるようになったあとには、「上体と顔の動きだけで避ける」と条件を付ける。投げ手は、顔の近くに緩いトスを入れる。イメージするのは、ボクサーが相手のパンチをかわす動きだ。目でパンチの動きを追って、拳が顔に当たる直前にスッと避ける。「ボールをよく見て！」と言うよりも、「顔の動きだけでボールから逃げて！」と言ったほうが、結果として、目でボールを追うようになるものだ。

「逃げる」の次は「落とす」(p・125左)。目の前からくるカラーボールを、右利きであれば左手で落とす。ボールがあっちこっちにいっても構わない。これに慣れてきたら、今度は「自分の足元にボールを落とす」と制限を加える。体に余計な力が入っていると、足元になかなか落ちない。それでも、何度もやっていくうちに、ヒジを柔らかく使って、ボールの勢いを吸収することで、ポトッと足元に落ちることがわかってくる。卵のように、ボールを優しく扱えるかどうか。

そして、最後に「捕る」。グラブをはめると一気に難易度が上がるので、素手で捕る。片手だけでは捕れないので、利き手を寄せることによって、うまくキャッチできるようになる。こうして、両手で捕る習慣が無理なく身についていく。

【初心者用・捕球習得のコツ】

「逃げる」のあとは「落とす」。右利きであれば左手のひらにボールを当てて、落としていく

まずはボールから逃げるところから始める。慣れてきたら、上半身だけを動かして、軽やかに逃げる

動画 がついたメニューは動画で確認できます。10ページを確認ください。

捕球の技術を高める

手のひらをボールに真っ直ぐ向ける

捕球の技術を高めていくには、「どうしたらボールを捕れるか」という理屈を知っておく必要がある。それは、手のひら（グラブ側）をボールに真っ直ぐ向けることだ。具体的にいえば、手のひらを直角に向ける。手のひらが向けば、必然的にグラブの捕球部分もボールに向くことになる（p.・128右）。だから、グラブにボールが入るようになるのだ。これはゴロでもライナーでもフライでも、共通して言えることである。

周りから見ていて、「グラブにボールが当たっているのに、落としてしまう」と感じる子がいたら、「手のひらをボールに向けてごらん」とアドバイスをしてみるのもいいだろう。もう少し細かいことを言うと、親指をグッと前に出そうとすると、手のひらが向きやすくなる。

あとはもう、「習うより、慣れろ」だ。どんな理屈を聞くよりも、数多くのボールを受けたほうが上達は早くなる。

じつは、グラブというのはボールがきてから閉じるのではなく、ボールがくる少し前から閉じようとしている。ボールが入ってから閉じていては、捕球のタイミングとしては遅いのだ。だから、ある程度は予測の要素が大きい。バッティングにも似たところがあり、ボールとバットが当たるインパクトの瞬間は、どんな一流選手でも注視することはできない。捕球にも同じことが言えて、捕る瞬間は見ているようで見ていない。この感覚を養うためには、必然的に数多くのボールを受ける必要が出てくるのだ。

また、初心者を見ていると、グラブの土手のあたりで捕っている子どもが意外に多い。グラブを外してみたら、手のひらで捕っているのと同じことになる。これもいずれは必要になる技術であるが、こういう子には「ウェブ（グラブの網）で捕ってごらん」と声をかけたほうが、うまく捕れるようになる。ウェブで捕る＝グラブの大きさを効果的に使えていることになり、これができると、ポケット（人差し指の付け根付近）でも捕れるようになってくるものだ。

トランポリンを使った練習方法もある。トランポリンの上でジャンプをしながら、トスされたボールをキャッチしたり、トランポリンから落下すると同時にキャッチしたりと、あえて難しい動きを入れてみることによって、捕球の技術が高まることがある。子どもたちは、ピョンピョン跳ねるトランポリンが大好きなので、喜んでやっている（p．128左）。

これは、「ジャンプをしながら、捕球をする」というデュアルタスク（p・250）の一種であり、小さいうちから2つの課題に取り組む練習を取り入れておきたい。

【捕球技術を高める練習】

動画

トランポリンからジャンプしながら、２つのボールを同時にキャッチ。デュアルタスクの能力を養う

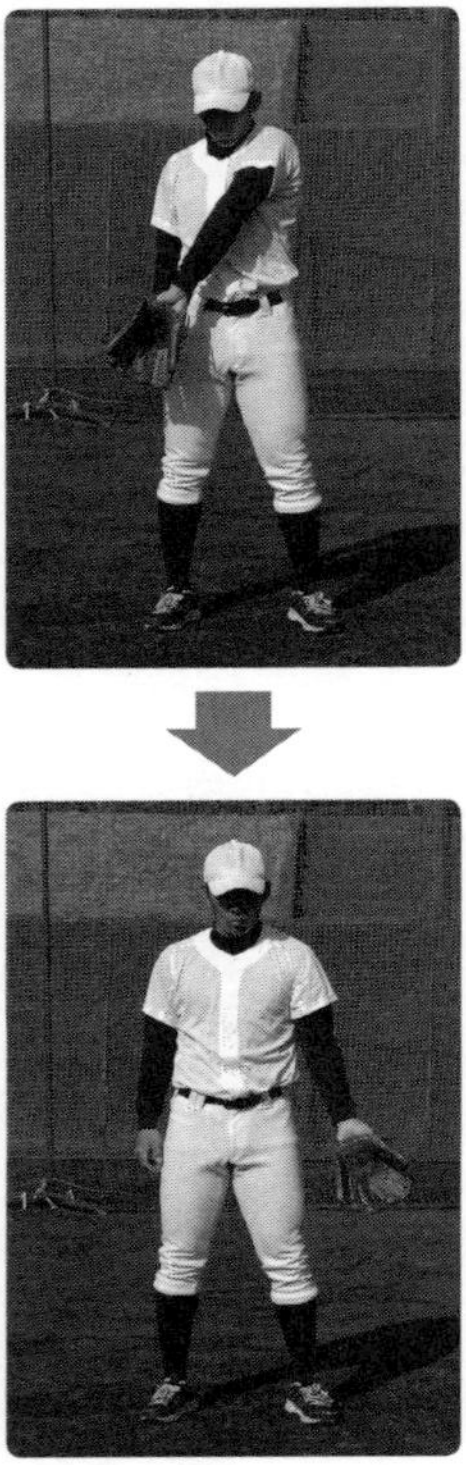

まずはボールに対して、手のひらをしっかりと向けることを体に染み込ませる

動画 がついたメニューは動画で確認できます。
10ページを確認ください。

柔らかいハンドリングを身につける

ショートバウンドやハーフバウンドを捕る感覚を磨く

グラブの使い方を覚えるために、小学生のうちからぜひ取り組んでほしいのがショートバウンドやハーフバウンドの捕球練習である。「難しい」というイメージがあるかもしれないが、逆に言えば、小学生や中学生のうちからやっておかなければ、高校生になってから身につけるのは、それこそ難しい技術でもあるのだ（p・131）。

基本的なポイントはキャッチボールのときと一緒で、ボールに対してグラブを直角に向けること。さまざまな質のバウンドに対して、どの角度でグラブを入れたらいいのか、体感として覚えていってほしい。

キューバやドミニカの選手を見ていると、ショートバウンドやハーフバウンドのさばきが非常にうまい。中南米では小石が混ざったような荒れたグラウンドで練習することが多く、日常的にイレギュラーの対応に慣れている。技術的に優れているのが、親指の使い方がうまいことだ。ショートバウンドの場合、日本ではボールに向けたグラブの面をそのまま前に押し出すようにして捕るが、キューバやドミニカでは親指をひねって、グラブを回すようにして捕る。表現を変えると、親指をかぶせながら捕っている。選手によってやりやすさはあるだろうが、キューバ式のほうがボールを吸収しながら捕球できるのではないだろうか。

練習方法としては、二人一組でショートバウンドを投げ合ったり、昔ながらの「壁当て」でハンドリングを磨いたりすることをおすすめしたい。

もうひとつ付け加えておくと、ダイビングキャッチやスライディングキャッチも小さい頃から身につけておきたい技術である。怖さを覚える前に慣れておいたほうが、うまくなりやすい。

【ハンドリング練習】

動画

逆シングルハンド。逆シングルはグラブの面が向きづらいので、手のひらを向けることをより意識する

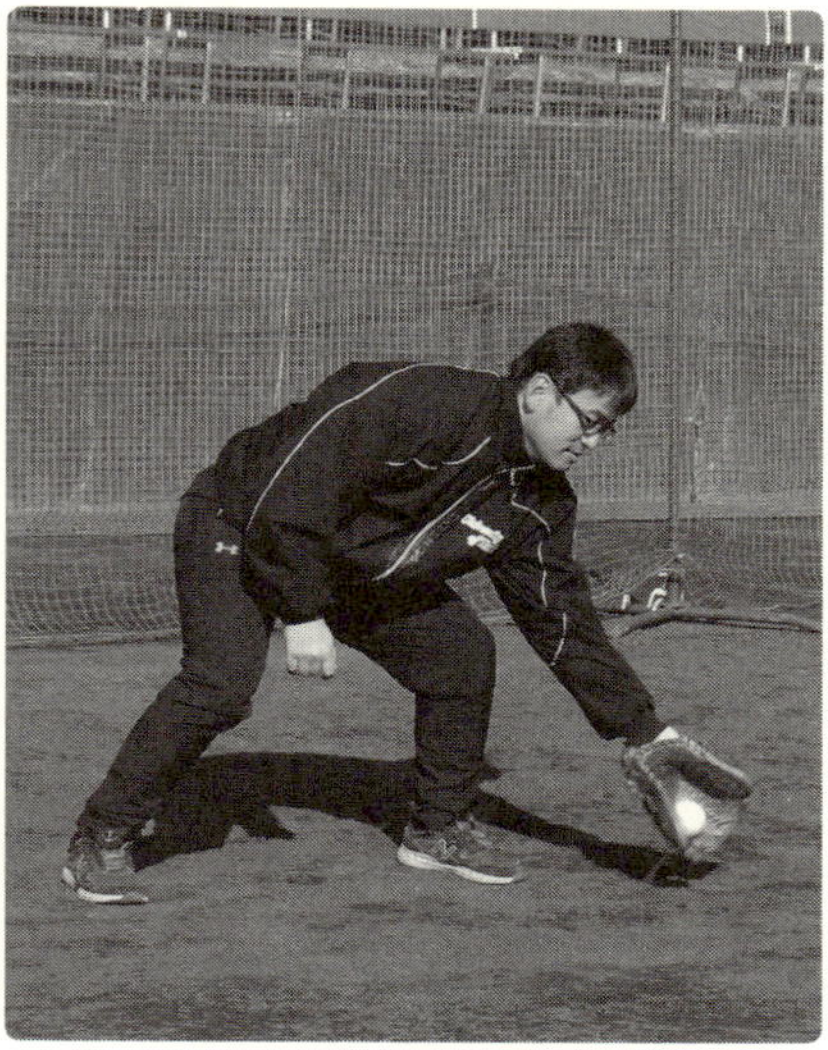

シングルハンド。ボールにグラブの面を向け、親指をひねって捕球する

動画 がついたメニューは動画で確認できます。10ページを確認ください。

全国大会と地方大会の守備データ公開

数字から見える全国と地方の技術の差

本校の野球コーチング論研究室で、小学生の全国大会と地方大会の守備データを分析・研究したことがある。対象となったのは、2011年の全日本学童軟式野球大会（11試合）と、つくば市の大会（15試合）で、全国と地方でどの程度のレベルの差があるのかを知るのが目的だった。

注目してほしいのは「ゴロをさばく時間」（p・134）である。バッターがボールをとらえた瞬間をスタートにして、インパクト→野手の捕球→送球→ファーストの捕球までのタイムを計測。送球がほぼないファーストは除き、セカンド、サード、ショート、ライト（ライトゴロ）の4ポジションを比較した。

ファーストまでの距離が近いセカンド以外は、全国大会の野手のほうが0．3秒～0．5秒ほど打球処理が早いことがわかる。「肩の強さ」という能力面での影響もあるだろうが、そのほかの要因としては、「捕る↓投げる」をどれだけ一連の流れで行えるかということにある。小学生によく見られるのは、「捕りました↓投げました」と、捕ると投げるが分割されていること。レベルが上がっていくと、捕ることと投げることがつながっていき、その結果としてゴロをさばく時間が短くなっていく。いわゆる、フットワーク（足さばき）とも呼ばれる技術である。

参考までに、小学生の一塁駆け抜けタイムを紹介すると、全国大会の平均が4．59秒、地方大会が4．91秒であった。足の速い選手は4秒台の前半を記録する。このタイムを頭に入れたうえでノックをすることによって、より実戦に近い意識で打球処理を行うことができる。ただし、スピードを先に求めると、子どもたちは焦ってしまい、動きがバラバラになることが多い。これから紹介するような技術を身につけたうえで、「速さ」を追い求めていってほしい。

【ゴロをさばく時間（インパクト・送球完了タイム）】

ポジション	大会種別	総数	平均タイム
二塁手	全国大会	38	3″99
	地方大会	20	4″02
三塁手	全国大会	38	3″97
	地方大会	45	4″33
遊撃手	全国大会	44	4″27
	地方大会	30	4″53
右翼手	全国大会	9	4″31
	地方大会	5	4″82

「捕る」と「投げる」をつなげる

投げたい方向にステップする

フットワークを磨いていくには、足のステップを覚える必要がある。小学生でもプロ野球でも、「基本」として変わらないのは、捕球のあとに軸足（右利きは右足）を投げたい方向に直角に向けることだ。直角のイメージがつきにくければ、「くるぶしを向ける」でもいい。これによって、横向きの状態が作られて、軸足の股関節に体重を乗せやすくなる。それにともない、下半身と上半身のねじりが生まれ、強い送球が放れるようにもなる。また、足をしっかりとステップすることによって、体勢を立て直してから送球に入ることができる。

こうした動きにつながっていくのが、第2章でも紹介したサイドステップである。横向きの状態で、いかに目線を変えずにスムーズに動けるか。ヒザの屈伸を極力使わずに、股関節を支点にする。サイドステップは、小学生のうちから正しく丁寧にやっていけば、必ず技術の向上につながっていく。

練習方法として、まず大事にしてほしいのはキャッチボールである。「捕る→投げる」をつなげるために、おすすめなのがウォーキングキャッチボールだ。言葉のとおり、歩きながらボールを捕り、そのまま前に歩く力を使って、ボールを放る。はじめはパートナーと正対したままでも構わないが、慣れてきたら、送球に移る最後の一歩で軸足のくるぶしを向けていく。

フットワークに関して、右足が左足を追い越すようにステップすることを「フロントステップ」(p.138)、右足を左足に寄せるようなステップを「サイドステップ」と言う。試合においては、状況に応じて使い分けられるのが理想となる。

避けてほしいのが、右足が左足の後ろに入る「バックステップ」である(p.139)。右足が後ろに入りこむことによって、左肩が投げたい方向に向かなくなり、その結果として送球が乱れてしまう。ピッチャーでたとえるなら、ホームベース方向に投げたいのに、左肩が右バッターボックスに向いていることになる。

ゴロやバウンドの対応についても、考え方は一緒。ただし、地面に近いゴロを捕ったあとにステップを踏むのは、まだ筋力の弱い小学生には難しい。「よっこいしょ」と上体を起こす動きが入るため、「捕る→投げる」がどうしてもわかれてしまうのだ。

導入段階として、硬式テニスボールを使った練習をおすすめしたい。指導者がテニスボールをワンバウンドさせて、ベルトのあたりで捕球できるような高さに投げてあげる。この高さであれば、ウォーキングキャッチボールのように、捕ってからのステップをスムーズに行うことができる（p・140）。

これは、教えてもらった話だが、ロサンゼルス・エンゼルスで活躍するアンドレルトン・シモンズ選手は、練習のときにはすべてのゴロをベルトの前で捕るように心がけているそうだ。ベルトの前であれば体重移動がスムーズにでき、一塁へのスローイングミスが減るという狙いがあるという。もちろん、低いゴロを地面の近くで捕らなければいけないときも出てくるが、意識としては「ベルトの高さ」。このほうが、その後のステップからスローイングがしやすくなる。

【フロントステップ】

捕球後、右足が左足を追い越すように、前にステップを踏む。投げたい方向に、軸となる右足のくるぶしを向けていく

がついたメニューは動画で確認できます。
10ページを確認ください。

【バックステップ】

軸足が左足の後ろに入ってしまうことをバックステップと呼ぶ。後ろに入ると、左肩が投げたい方向に向きにくくなり、コントロールの乱れにつながる

【捕球と送球をつなげる】

ベルト付近の高さで捕球できるように、硬式テニスボールをワンバウンドさせる。体重移動がスムーズにでき、捕球から送球までのフットワークが身につきやすくなる

がついたメニューは動画で確認できます。
10ページを確認ください。

ゴロ捕球の正しい姿勢を知る

お尻は高く、頭は低く

では、地面を低く転がってくるようなゴロ捕球にはどのような指導方法が求められるか。

まずは捕球の形を覚えることから始めたい。指導者として気をつけておきたいのが、「低く！」という言葉だ。子どもたちに「低く！」と指導すると、どうしてもお尻が下がり、かかと重心になったり、ヒザを深く曲げて、股関節が使えない姿勢になったりしてしまう。こうなると、さまざまなバウンドに対応しづらいだけでなく、ハムストリングスが働きにくく、捕ってからの前への推進力が生まれにくい。

キーワードとして挙げたいのは「お尻は高く、頭は低く」である（p・143）。

お尻の穴を斜め上に向けるぐらいの意識で、お尻の位置を高く保っておく。そして、頭を下げることによって、手も下がり、グラブが地面に付くようになる。「低く！」の一番の目的は、グラブを下げることにあり、この姿勢が作れれば、グラブを下から上に使えるようになる。地面を這うようなゴロを捕ろうとした場合、打球の軌道に合わせて、グラブを下に置いておく必要がある。そこから打球が跳ねれば、それに合わせてグラブを上げればいい。ところが、はじめからグラブが高い位置にあると、グラブを上から下に使うことになり、いわゆる「トンネル」につながりやすい。

もうひとつのポイントとしては、捕球姿勢を作ったときに左足のつま先を上げて、打球を待つこと。そして、捕球のタイミングに合わせて、つま先を下ろすことによって、体重移動がスムーズに行われ、右足を投げたい方向にステップしやすくなる。

【ゴロ捕球の正しい姿勢】

意識すべきは「お尻は高く、頭は低く」。「低く」をイメージしすぎて、お尻が下がりすぎてしまうと、股関節が使えない姿勢になり、捕球から送球に移る推進力が生まれにくい

ゴロ捕球上達のステップ

まずは置いたボールから始める

前ページで紹介したゴロ捕球時の姿勢を、メニューのレベルを上げながら習得していく。①置いたボール、②転がしたボール、③トンネル練習、④弱めのノックというステップアップがおすすめだ。

初期段階としては、地面に置いたボールに自ら走り込んでいき、捕球姿勢を作る。この際、「イチ＝右足を踏む」「ニ＝左足を踏む（つま先を上げる）」「サン＝つま先を下ろして捕球する」「ヨン＝右足を踏み出して送球姿勢を作る」と、一連のリズムを声に出すことによって、動きが身につきやすい。声と動きを一致させることを意識してほしい。

捕球時のコツを付け加えると、「打球の正面に入り過ぎない」という点が挙げられる。人間の感覚として、真っ直ぐ前からボールが転がってくると距離感をつかみにくいが、斜めから見ようとすると、距離感をつかみやすくなる。この感覚を打球処理にも生かしていきたい。「バナナキャッチ」とも呼ばれる動きだが、カーブを描くように打球に入っていく。守っている選手から見たときに、「ボールの右下を見てごらん」というと、バナナの動きがやりやすくなる（p・146）。自分の左側に打球を置くことによって、捕球後にファーストに投げやすいステップを踏むこともできる。

③のトンネル練習は、打球との距離をはかりながら、あえて捕球せずにトンネルをする練習だ。ゴロでやると簡単にできるが、高いバウンドを投げてもらい、「ショートバウンドでトンネル」と制限を加えると、難易度が上がる。ショートバウンドになるタイミングを見計らって、自分の足でボールに近づき、股の間をくぐらせる。小学校高学年にもなると、大学生よりもうまくトンネルする子が出てくる。スピードやパワーは大人に劣るが、ボールとの距離感をはかる感覚的な能力は、子どもの頃から育てることができるという好例である。

【バナナキャッチ】

打球を自分の左側に置くことによって、ボールとの距離感をつかみやすくなる。正面に入りすぎると、距離感がつかむのが難しい

「投球」と「送球」の違い

捕ったら手のひらを下に向ける

第2章で紹介してきたのは主に「投球」に関する話であり、第3章でここまで解説しているのは「送球」である。この違いがわかるだろうか？

簡単に言えば、投球はピッチャーが敵（バッター）に投げるボールであり、送球は野手が味方に投げるボールである。投球は打ちにくくていいが、送球が捕りにくいとチームメイトを困らせることになってしまう。

動作としては、どうだろうか。投球は自分の間合いで、ゆっくりと投げることができる。いわば、ピッチャーは主体的なポジションと言える。自らがアクションを起こすことによって、プレーが始まっていく。

一方の送球は、相手が打った打球に合わせなければいけないうえに、捕球体勢も毎回違う。

なおかつ、自分のペースでゆっくりと投げていたら、一塁はセーフになってしまう。打者走者の足を考えながら、プレーをしなければいけない。すなわち、送球は受動的で受け身の動きと言えるだろう。

だからこそ、捕球から送球に移るときのフットワークが大事になってくるわけだ。内野手の動きを「足で捕って、足で投げる」と表現することがあるが、足が動かなければ、さまざまな種類の打球をさばくことができない。

こうした話を大前提としたうえで、さらに付け加えたいのが、上半身の使い方だ。投球と送球では、明らかに送球のほうが動きが小さくなる。捕ってからすぐに投げなければいけない状況となれば、それに合わせた動きが求められてくる。

ただし、プロ野球選手がやっているような、小さくて速い動きはまだ意識しなくていい。小学生のときからこれを意識しすぎると、小さい動きが無意識のうちに身についてしまい、大きくゆったり投げることができなくなってしまうからだ。

送球面において、小学生のうちから取り組んでほしい技術を挙げるとすれば、「割れ」の動きである。p.150のように、ボールを捕ったあとに、両方の手のひらを下に向ける。そうすることで、ボールの重さを利用しながら、ヒジを上げていくことができる。ヒジを下から上に回していくようなイメージだ。

指導者が「捕って早く投げる！」を言いすぎることによって、ボールを捕球したあと、利き手を直線的に耳に持ってこようとする選手がいる。これでは、肩甲骨が動かずに、いざ投げるときにはヒジの位置が低くなってしまう。「捕ったら、手のひらを下に向ける」という動作を入れることによって、この直線的な動きを防ぐことができる。

【「割れ」の動きを身につける】

捕球後に、両方の手のひらを下に落とすことによって、「割れ」が生まれる。下に向けることで、ボールの重さを利用して、ヒジを上げることができる

がついたメニューは動画で確認できます。
10ページを確認ください。

スナップスローを身につける

手のひらを上に向ける

捕って早く投げるためには、スナップスローの習得が必須となる。握り替えがどれほど早くなっても、スナップスローで投げられるイメージを持っていないと、なかなか素早く投げることはできないからだ。

なぜか、「スナップ＝手首」と思われていることがあるが、「スナップ＝何か一部分を切り取る」という意味が正しい。「スナップ写真」を思い浮かべると、イメージがしやすいだろうか。

では、スナップスローとは何かといえば、肩から先の動きを強調して投げる技術である。テイクバックはほとんど取らずに、小さな動きでボールを放る。

以前、大学選手約３００名にアンケート調査を行い、「いつ、技能を習得したか」を回顧的に調べたことがある。そこで判明したのは、今でも「できない」と回答した層が15～20パーセントいたのが「ランニングスロー」と「スナップスロー」だった。高校生までにできなければ、その後に習得するのは難しい技能であることがわかる。

小学生にスナップスローを指導する場合は、まずは大学生や私が見本を見せる。「こういうふうに投げてごらん」と先に映像を見せると、感覚の鋭い子は見たままのことを体で表現できる。今の子どもたちは経験が少ないだろうが、川で遊ぶ「石切り」のイメージに近い。

コツは、投げにいくときに手のひらを上に向けるところにある（p・153左）。この形が作れれば、たいていの子どもはできるようになる。また、ギュッと強く握ってしまうと、ヒジを柔らかく使えないので、三本指で軽く握り（p・153右）、手のひらにボールを乗せる感覚を持ったほうがいい。このとき、バドミントンのシャトルを投げたほうが、ヒジの使い方をマスターしやすい子どももいる。

【スナップスローの習得】

リリースの直前に、手のひらが上を向く局面がある。この局面を意識しておくだけで、子どもたちでも習得できるようになる

手のひらにボールを載せるイメージで、三本指で軽く握ると、ヒジを柔らかく使いやすくなる

動画 がついたメニューは動画で確認できます。10ページを確認ください。

当て捕りの感覚を養う

スリッパを使っての捕球練習

ここからは、ゴロ捕球に関して少しハイレベルな話をしていきたい。小学生にはまだ難しい話かもしれないが、知識として覚えておくことは将来的にきっと役に立つはずだ。

まずは、p・126で軽く触れた「当て捕り」について。

うまい内野手のグラブを見ると、人差し指の付け根付近と、薬指の付け根付近にそれぞれポケットを作っている。ライナーの打球やタッチプレーを要する送球を捕るときは人差し指側のポケット、内野ゴロなど捕球→握り替え→送球が必要なときは薬指側で捕る。必要なプレーによって、使い分けているのだ。薬指側で捕る際には、グラブの面に当てて、すぐさま利き手に持ち替える。感覚的には「捕る」よりも「当てる」。グラブでがっちり捕ってしまったら、握り替えるスピードが遅くなってしまう。

と、言葉で説明してもなかなかイメージがわかないだろう。

感覚として自分の体に落とし込んでいくしかない。そこで、当て捕りを指導するときに重宝しているのが、ティッシュの空き箱やスリッパである（p・156）。空き箱やスリッパに手をつっこんで、グラブ替わりに使用する。この状況で捕球するには、すぐに利き手に持ち替えるしかない。必然的に、スリッパのすぐ近くに右手を置くようにもなり、握り替えのスピードが上がっていく。

ただし、軟球や硬球を使うとすぐに手が痛くなったりするので、硬式テニスボールがおすすめだ。グラブのように閉じて開いてができないもので、いかにしてボールを捕って、投げるか。こうした条件付けをすることで、当て捕りの感覚を磨いていく。

【当て捕りの感覚を養う】

動画

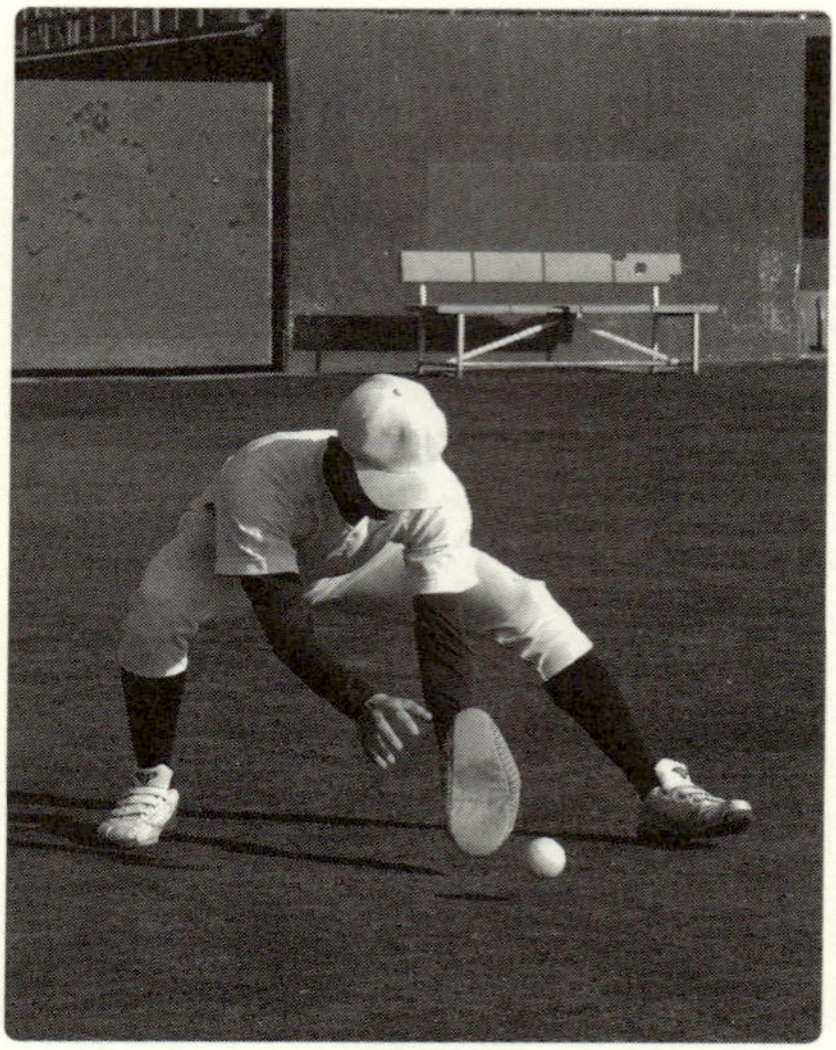

板グラブがない場合は、スリッパでも代用することができる。うまく捕球するには右手を添えておく必要があり、握り替えの技術向上につながっていく

捕球面が平面でできている「板グラブ」を使った当て捕り練習。グラブ側を握ることができないので、必然的に当て捕りの感覚が養われる

動画 がついたメニューは動画で確認できます。
10ページを確認ください。

トップレベルのゴロ捕球を分析

右足に乗って打球を待つ

プロ野球でゴールデングラブを受賞した経験を持つ内野手と、大学生内野手の動作の違いを研究したデータがある。

一番の違いは、元プロ野球選手のほうが、右足に体重を乗せた状態で打球を待てることだった。股関節を外旋させて、股を割った姿勢をしっかりと作ることができている。一方の大学生は右足に乗り切れずに、右足のヒザが中に入り、内股になりやすい傾向があった。こうなると、頭が左足側に流れてしまい、打球を捕るエリアが限られる。特にイレギュラーへの対応が難しく、イージーな打球しかアウトにできなくなってしまう。

では、小学生はどうか。筋力的な面もあり、大学生以上にヒザが内側に入りやすい。また、ヒザを内側に入れたほうが送球のステップにも移りやすく、小学生の段階では〝課題〟とは言いにくい動きでもあるのだ。

ただし、「右足に乗って打球を待つ」という技術は、内野手にとって将来的に絶対に必要になるもので、小さいうちからその感覚を身につけておきたい。

小学生にわかりやすいのが、片足ケンケンからの捕球だ。右利きであれば、右足で3～4歩ケンケンしたあとに捕球の形に入る。前からゴロを転がしてもらうと、リズムがつかみやすくなるだろう（p・160右）。

また、イスに座っての捕球練習もある。イスに浅く腰をかけた状態から右足に体重を乗せて、捕球体勢を作る（p・160左）。このときに、体幹と太ももが着くぐらい、股関節を深く曲げる。こうして右足を決めた状態から、左足の前でゴロを捕る。

じつは、元プロ野球選手は、バウンドが合わなかったときでもこの前傾の角度が変わらずに、イレギュラーに対応していた。大学生はバウンドが合わないと前傾が浅くなり、すぐに上体が上がってしまう。ハーフバウンドになったときこそ、前傾の角度を保っておきたい。

イスで股関節の角度を覚えたあとには、イスを外して捕球練習を繰り返す。同じように右足だけ決めたあと、投じられるボールによって、前で捕ったり、後ろで捕ったり、捕り方を変えていく。ときには「すべてショートバウンド」という条件付けをするのも面白い（p・161）。

結局、試合中のゴロ捕球も、右足を決めたあとに、どこに左足を着くかによって、ゴロの捕り方が決まっていく。右足にしっかり乗ることができれば、左足を着くまでの時間調節も可能になる。バウンドが合わなかったときは、あえて自分の体の後ろに左足を着いてもいいわけだ。

硬式野球の場合は低く速いゴロが飛んでくるので、両足を横に開いて、股を割った姿勢で捕ることが多いが、打球が高く跳ねる軟式野球の場合は、こうした打球が少ない。それでも、右足を決めて、左足で調整するメカニズムは変わらず、高いバウンドであれば左足を前に踏み込むケースが多くなるだろう。

【イスに座って捕球】

正しい捕球姿勢を作るために、イスを利用する。イスに浅く腰をかけることによって、お尻が高く上がり、股関節を深く曲げる姿勢が作りやすくなる

【片足ケンケン捕球】動画

軸となる右足でケンケンをすることによって、右足に体重を乗せて、打球を待つ感覚を養いやすくなる。普段のゴロ捕球から、頭が左側にずれないように注意しておきたい

動画 がついたメニューは動画で確認できます。
10ページを確認ください。

【条件付け捕球】

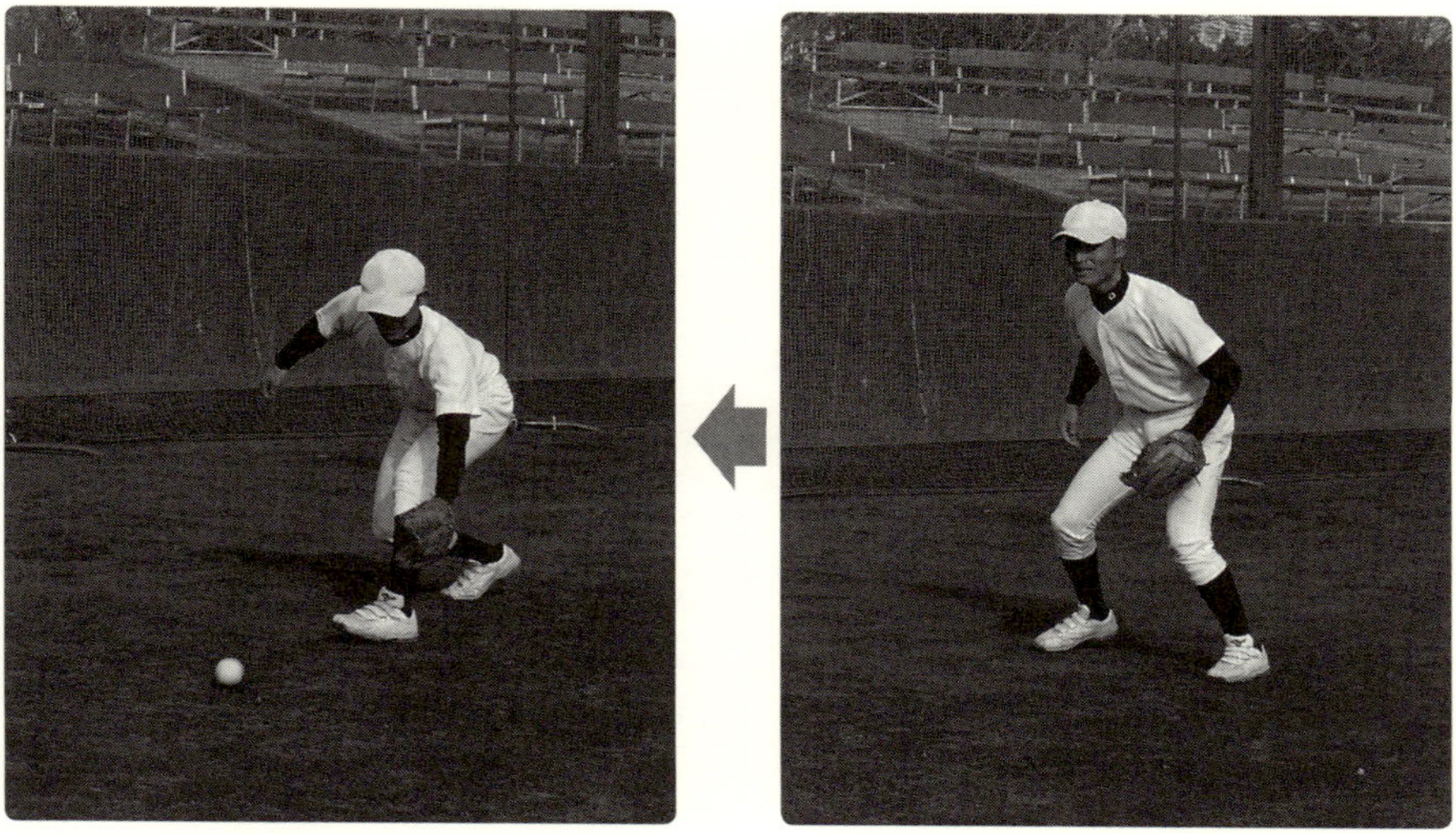

「踏み出した左足前で、ショートバウンド捕球」という条件付け。どんなバウンドに対しても、右足・左足を置く場所で捕球の仕方が決まる

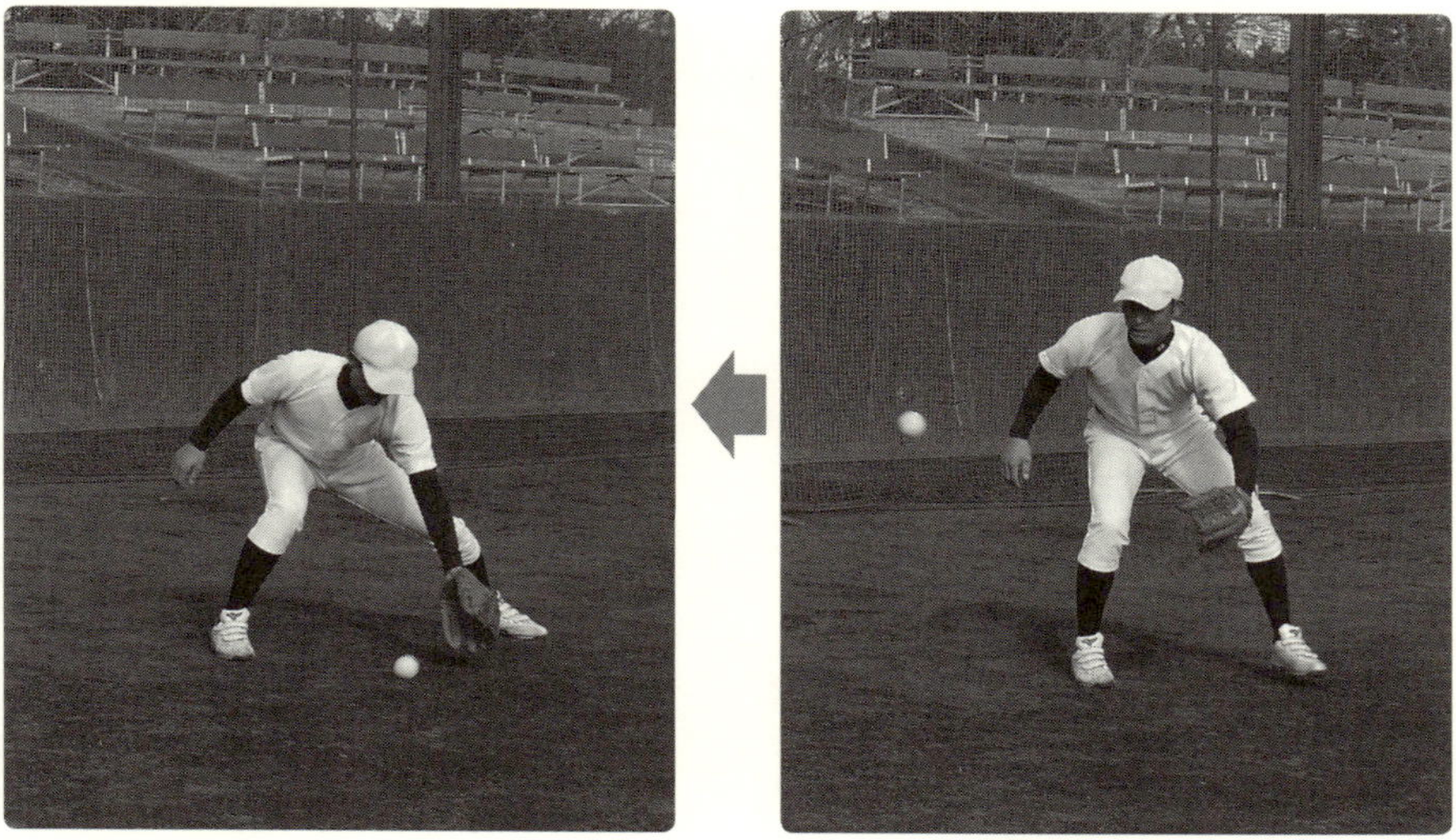

「左足を後ろに引いて、ショートバウンド捕球」という条件付け。あえて、自分の顔よりも後ろで捕ることで、捕球の幅を広げることができる

がついたメニューは動画で確認できます。
10ページを確認ください。

フライ捕球の指導方法

真横に走ることから始める

守備指導でもっとも難しいのが、フライの捕球である。捕れる選手は何も教えなくても簡単に捕れるが、苦手な選手はなかなか捕れない。両目を使った立体視や、物体との距離感が関わってくるため、野球の技術だけを教えてもなかなか上達しないことがある。

そもそも、野球選手がどうやってフライを捕っているのか、まだ明確には解明されていない。じつは何年か前に『サイエンス』という学術雑誌で、「野球選手はフライをどうやって捕っているのか」という論文が掲載されたこともあった。なぜ、そうした研究をするかというと、迎撃ミサイルの開発に応用したいからだ。なかなか壮大な話ではないだろうか。

『サイエンス』によってひとつわかったことは、フライが飛ぶ速度と、人間が走る速度が〝等速〟になれば捕球できるということだ。フライは最終的には失速していくので、人間が回りこんで追いつく計算になる。ただし、この理屈を野球の技術に生かすのはまた難しい問題ではあるのだが……。

これまでの経験上、フライの上達につながった練習方法をいくつか提案したい。

まず、初心者に伝えるのは「顔の前で捕ろう」ということだ（p・165）。つまりは、自分の体の前にボールを置くクセをつける。上手に捕れない選手は、ボールが頭の上を飛び越えてしまうことがある。カラーボールなどの柔らかいボールで、まずは素手捕球から始めてみてほしい。その場でフライが捕れるようになれば、右に2歩動いてみたり、前に3歩動いてみたり、捕球のエリアを広げていくといいだろう。

グラブを着けてから、大事にしてほしいのはキャッチボールだ。キャッチボールは前から投げられたボールに対して、「ここにボールが落ちてくる」と落下地点を予想して、自分の体を動かす。投げるボール＝バッターと置き換えてみれば、キャッチボールを捕ることもフライ捕球につながっていく。

そして、次のステップとしては、真横に走って捕る。ゴロ捕球のときにも紹介したが、自分に向かってくる打球よりも、左右にズレている打球のほうが距離感をつかみやすい。その感覚を利用して、横に飛んだフライを捕りにいく（p・165）。このとき目線がぶれてしまう子は、なかなかフライが捕れない。そのときには「重心を少し低くして走ってごらん」というと、目線のブレが少なくなることがある。

横が終われば、次は斜め後ろ。この2種類をやるだけで、フライに対する感覚が養われていく子どもたちが多い。前に落ちるような飛球は、最後で構わない。

指導者が思ったとおりのところにノックを打つのは大変なので、はじめは手投げでフライを投げ上げてもいい。理想としては、フライマシーンを使って、同じ場所に何度も打ち上げたほうが、捕球技術は上がっていく。フライに到達するまでの距離は、年代ごとに変えていけばいいだろう。大学生の場合は、スタート地点から30メートルぐらい走らせる。小学生であれば、5メートルや10メートルぐらいから始め、徐々に距離を広げていってほしい。

【フライ捕球練習】

顔の前で捕ることを意識づける。フライが捕れない選手は、自分の体よりも後ろで捕ってしまうことが多い。自分の体よりも前に、ボールを入れることがポイント

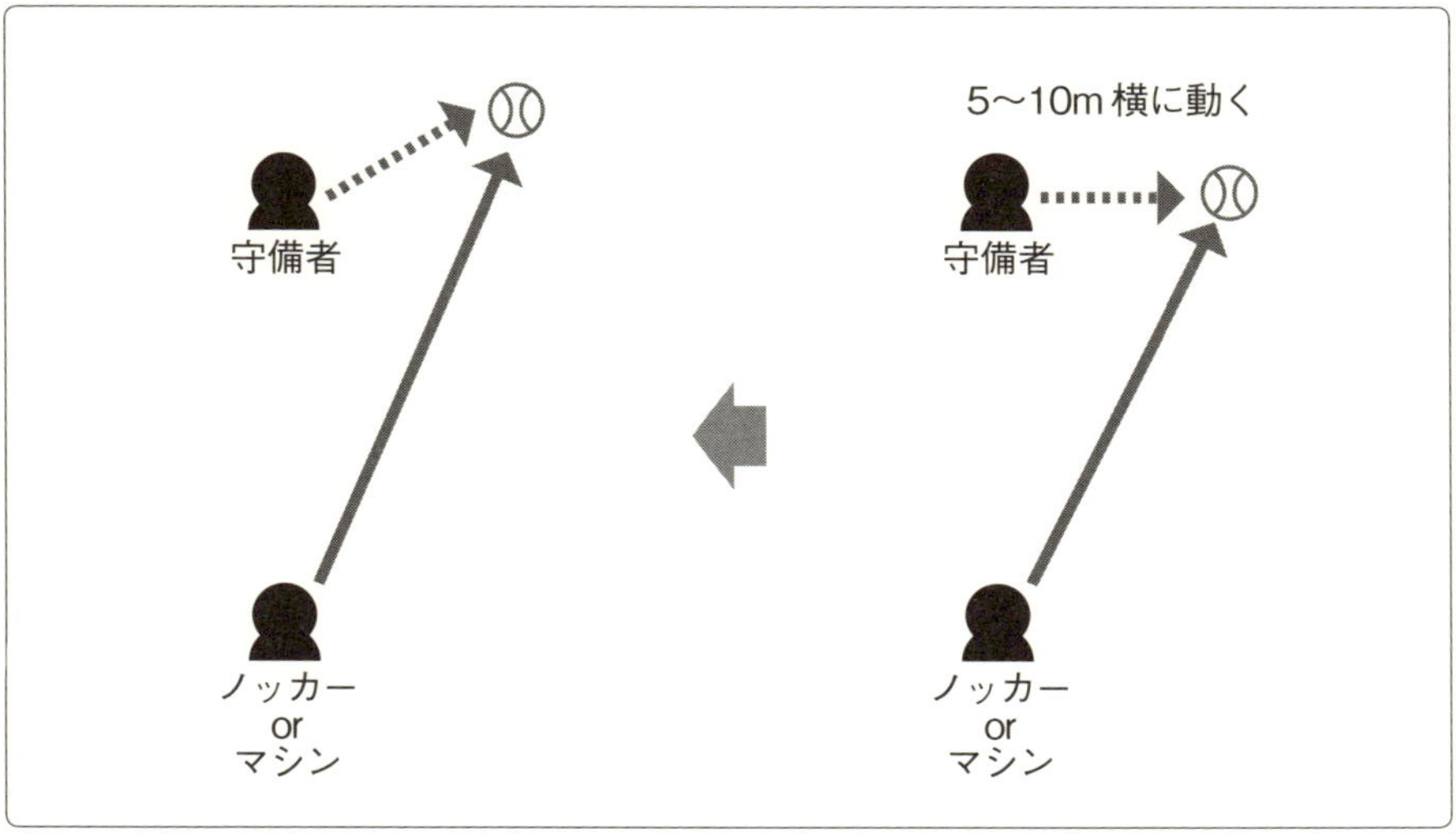

まずは、真横に走って捕ることを繰り返す。真横の動きに慣れてきたら、斜め後ろに走る。フライマシーンでも手投げでもいいので、同じ場所にフライを上げてあげたほうが、上達スピードは早くなる

捕手のキャッチングを学ぶ

まずはボールを吸収する

ここからは、キャッチャーの守備について解説していきたい。まずは、キャッチングだ。ボールを捕れなければ、スローイングに移ることもできない。

小学生の導入段階として覚えてほしいのは「ボールを吸収する」という技術である。ボールに対する恐怖心があると、どうしてもヒジを伸ばして、顔よりも遠いところで捕ろうとする。はじめのうちはヒジを柔らかく使って、できるだけ体の近くで捕ることを教えてほしい。ある程度、筋力が付いてからでないと、ミットを止めて捕るのは難しいのではないだろうか。

捕球のポイントは、内野手のところでも話しをしたが、手のひらをボールに対して直角に向けることが基本。ポジションが変わっても、この基本に変わりはない。だから、キャッチャーとしてまず必要な技術は、ミットの面をピッチャーに向けることだ。そもそも、面が向いていないと、ピッチャーとしては目標が意識しづらく、投げにくい。

練習は素手からスタート。正面から柔らかいボールを投げてもらい、それをホームベース上に「当てて落とす」を繰り返す。手のひらが外を向いていると、ホームベース上に落ちてこない。難しいのが低めで、腕をグイッと内旋（内側に捻る）させないと、手の平がボールに向いていかない。低めはそのままポトンと落ちるのではなく、一度は上向きに出てから下に落ちるのが理想だ（p・168）。ポトンと落ちるキャッチャーは、手のひらが下を向いてしまっている。

小学生にとって、キャッチャー防具は重たく、1試合座っているだけでもかなりの重労働になる。ピッチャーの次にヒジの障害が多いポジションでもあるので、一人に限定せずに、ぜひいろいろな選手を起用していってほしい。

【キャッチングのポイント】

動画

難しいのが低めの捕球だ。腕を内旋させることによって、手の平をボールに向けることができる

まずは「当てて落とす」から始める。ポイントはホームベース上に落とすこと。手の平とボールの角度が合っていないと、ホームベース上に落ちてこない

動画 がついたメニューは動画で確認できます。
10ページを確認ください。

スローイング技術を高める

ランナーの動きを見て予備動作を入れる

内野手のところで、「捕ると投げるをつなげていく」と解説したが、これはキャッチャーにも言えることだ。

参考までに、小学生の二塁送球の平均タイムを紹介すると、全国大会では2．36秒、地方大会では2．83秒だった。キャッチャーが捕球してから、二塁ベースカバーに入った野手が捕球するまでを計測している。プロ野球のトップレベルになると、2．0秒を切ってくる。

座っている状態から、足の力を使って立ち上がり、さらに二塁に強いボールを放るのは、小学生の筋力的にかなり難しい技術になる。だから、ある程度は捕ることと投げることが分離するのは仕方のないことと思う。

そのうえで、大事にしてほしいのは「予備動作」だ。ランナーが走るのがわかったら、左足を一歩前に踏み出して、送球に対する備えをしてほしい。これは、ソフトバンクの甲斐拓也選手も取り入れている動きである（p・171）。

そもそも論として、キャッチャーは一塁ランナーの動きを周辺視野で確認しておかなければいけない。ピッチャーを見ながらも、目の端で動きを感じ、走った姿がわかれば左足を半歩ほど前に出す。そのあと、野手と同じように右足のフロントステップ、あるいはサイドステップを入れて、二塁に放る。

なぜ、「予備動作」を入れるかというと、このほうが体重移動を使いやすく、次の右足がスムーズに動くからだ。ただし……、投球が大きく逸れると、このやり方では対応しきれない場合がある。左足を一歩出すのではなく、左足のスネを倒すことで、体重移動のきっかけを作るやり方も、いずれはマスターしていきたい。

【スローイング技術】

ランナーが走ったとわかったら、左足を半歩ほど前に出す「予備動作」を入れる。この動きがあることによって、次の右足をスムーズに動かすことができる

動画 がついたメニューは動画で確認できます。10ページを確認ください。

一流捕手の分析から見えたこと

横向きの時間を長く取る

プロ野球で活躍するキャッチャーを対象に、スローイング動作を分析したことがある。ゴールデングラブを受賞するなど長年にわたって活躍した名キャッチャーをA、一軍半のキャッチャーをB~Eとして、その動作の違いを解説していきたい。

A選手は5球中5球がストライク送球で、平均タイムがおよそ1．8秒。速くて正確で、抜群の安定感を見せていた。一方のB~E選手は肩が強いけれど、送球が安定せずに平均タイムもA選手よりは劣っていた。

動きを細かく見ていくと、A選手は捕ってから右足を着くまでの時間が0．16秒と、とても短い。なぜこの動きが実現できるかというと、先に左ヒザを前に倒す予備動作を入れているからだ。この左ヒザの動きをきっかけにして、右足を半足ほど前にステップする。

さらにA選手の特徴を見ると、右足を着いてから左足を踏み出すまでの時間が、B～E選手よりも長いことがわかった。つまりは、横向きの時間が長い。ここでヒジを上げる時間を確保するとともに、投げたい場所にしっかりと狙いを定めている。

一方のB～E選手はというと、左足の予備動作がなく、右足を大きく前にステップしていた。ステップするということは、それだけ移動時間が必要になる。特徴としては、捕球後に右足を着くまでの時間が長く、そこから左足を着く時間が短い。横向きの時間が短いとなれば、狙いを定める時間が短くなる。A選手とは逆の特徴が表れた。

このことから学べるのは、前ページで紹介した左足の予備動作がいかに大事かということだ。それにともない、右足をできるだけ早く着き、横向きの時間を確保していく。

【捕手のスローイング動作分析】

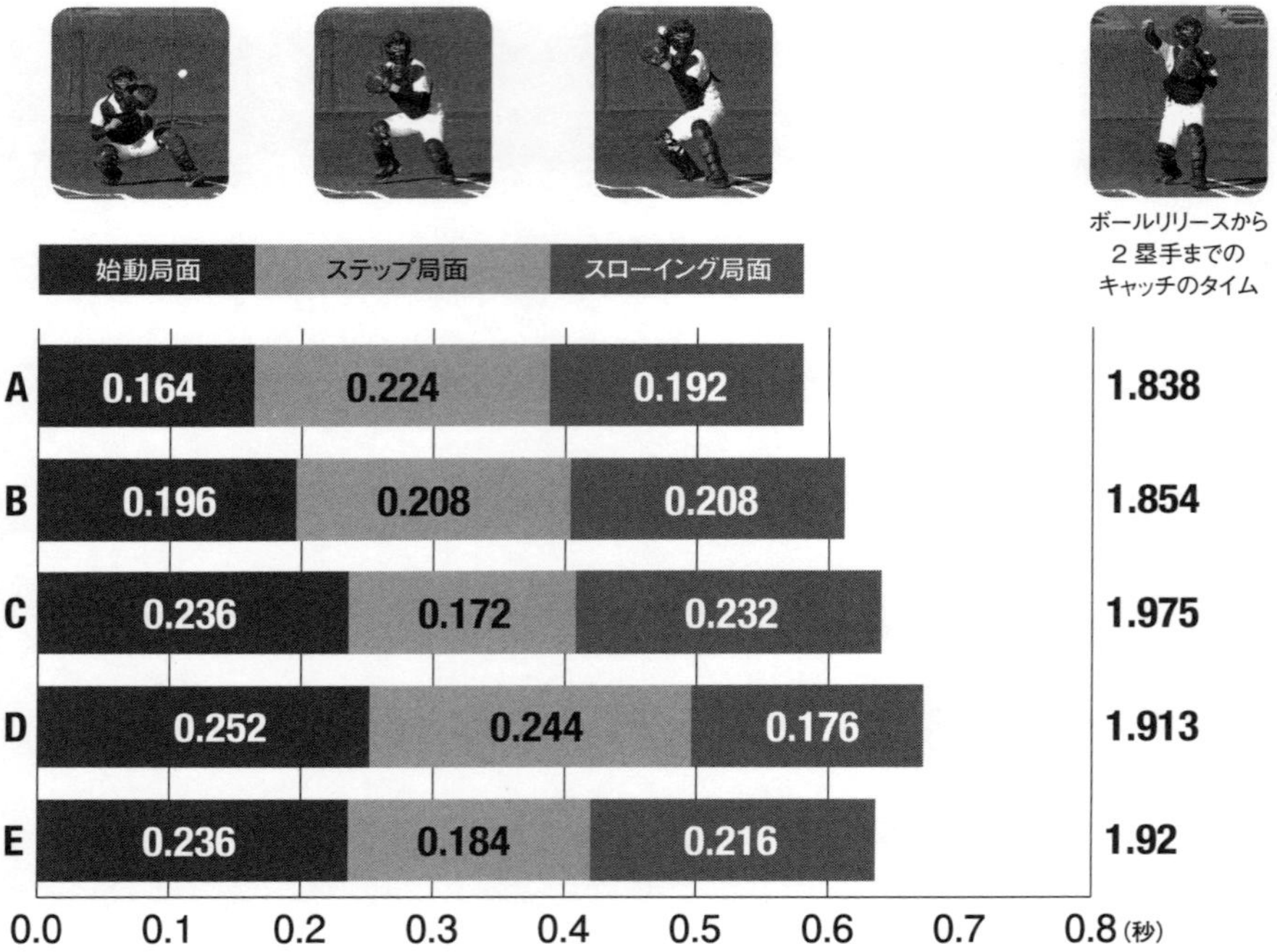

この表はあくまで動作のみ

勝つために必要な投手の守備

左ピッチャーはその場で回る

守備編の最後は、ピッチャーの守備について取り上げたい。昔から「ピッチャーは9人目の野手」という格言があるが、まさにそのとおりで、ピッチングだけがピッチャーの仕事ではない。ピッチャーが守備のミスにからむと、一気にピンチが広がりやすい。バント処理をミスして、一塁に悪送球を放ると、1アウト二塁になるはずが、1アウト二三塁になることもある。取れるアウトを取れなかったことで、ピッチャー自身の精神的なダメージも大きい。

ピッチャーに見られるのが送球エラーである。「投球」は得意でも、「送球」が苦手なピッチャーは意外に多い。ここにからんでくるのが、ステップの重要性だ。これまでの繰り返しになるが、軸足を投げたい方向に直角に向けること。ピッチャーから一塁までが近いために、ステップをしっかりとせずに送球するピッチャーがいるが、これこそが悪送球の原因になりやすい。近いときこそ、足を使って投げるクセをつけておきたい。

小学生で気をつけたいのは、「焦らない」ということだ。たとえば、三塁側にセーフティバントをされると、どうしても焦ってしまい、ステップが甘くなってしまう。ここで悪送球をすると、打者走者は二塁にまで進塁し、一気にピンチになる。ここでも大切なのは、軸足を直角に踏み出すことだ。

難しいのが、左ピッチャーの三塁側のバント処理だ。自分の背中側にファーストがいることになり、体を180度回転させなければいけない。ここでのポイントは、「その場でクルッと回る」。これを教えただけで、筑波大のピッチャー陣の悪送球が激減した。その場で回ることによって、目線のブレを最小限に抑えることができる。

【ピッチャーの一塁への送球】

動画

近い距離こそ、足を使って投げることがポイント。捕球したあとに軸足のくるぶしを投げたい方向にしっかりと向けて、ボールを投げる。たとえ、捕球姿勢が崩れていたとしても、足を使うことで体勢を立て直すことができる

動画 がついたメニューは動画で確認できます。
10ページを確認ください。

【ピッチャーの二塁への送球】

足を使って投げる考えは一緒。体の正面で捕球したあと、捕球したグラブのところに右足を踏み込み、軸となる右足のくるぶしを二塁ベースに向ける

がついたメニューは動画で確認できます。
10ページを確認ください。

第4章

打撃の指導法

打撃指導のステップアップ

バットに当たるまで見守る

プロ野球選手でも、「打率3割を超えれば一流」と言われているように、10回の打席で7回凡退しても許されるのがバッティングである。それだけバッティング指導は難しく、奥が深い。それゆえに、昔も今も無数の理論があり、指導者によっても考え方が違う。

ボールを投げる動作と同じで、子どもと大人では体で表現できる技術に限界がある。プロ野球選手のような美しいフォームを目指したくなるが、バッティングにも指導のステップアップがあることを頭に入れておいてほしい。

私が小学生や未経験の子どもたちを見るときには、「しばらく放っておく」ことを心がけている。つまりは「細かいことは言わずに静かに見守る」。まずは、ティースタンドに置いたボールでも、トスしたボールでもいいので、バットでボールを当てるという経験数を増やしていく。

いきなり金属バットを使う必要はまったくないので、軽いカラーバットとカラーボールで構わない。

突き詰めていくと、バッティングは果てしなく難しいものであるが、「当てる」ことだけを考えたら、子どもたちでも案外すぐにできるものだ。当たらない子がいたとしても、何らかの形でバットは振っている。だから、そのスイング軌道に合わせて、トスを投げてあげれば、バットには当たる。じつは、小さい子の場合は止まっているボールのほうが、打つのが難しい場合がある。一定のところを振らないと、ボールを打つことができないからだ。

たくさんの子どもを見てきたが、バットにボールが当たるとバッティングが楽しくなって、「もう1球、もう1球！」となるものである。うまくできた喜びや「もっとうまくなりたい！」という意欲が技術を高める土台となっていく。

インパクトから逆算する

机の上を振ることからスタート

バットとボールが当たるようになった子に、そこからどのようなアプローチをしていくか。構え方やトップの形などを教えたくなりがちだが、そこはグッと我慢。年齢が低ければ低いほど、言葉による指導は伝わりにくいので、何かしらのドリルで動きを習得できるようにしていきたい。

指導の順序としては、バットでボールをとらえるインパクトから作っていったほうが、その後の技術指導が入りやすくなる。練習法として一番簡単なのが、机の上をスイングする方法だ。机の上をただただ真っ直ぐ振る。いわゆる、「レベルスイング」につながる動きである（p・184）。初心者に多いのが、上から大根切りのように振り下ろすスイングで、こうなると、バットとボールが当たる可能性が少なくなってしまう。

そのあと、机の上にボールを置いて、センター方向に飛ばす。机の上を振っていれば、必然的にバットにボールが当たるようになるわけだ。「投球のラインにバットを入れていく」という感覚を身に付けることにつながっていく。

また、ここでのポイントとしては、ボールを置く位置にある。踏み出した前足の前に置くと、スムーズに打ちやすくなる。これは実際のバッティングにも生かせる考えで、コースによっては多少の違いが出てくるが、基本的には踏み出した前足の前でボールをとらえる。試しに、軸足の前や、構えたときのヘソの前にボールを置いてみてほしい。かなり窮屈な体勢になり、あとで紹介する体重移動や回転運動がしづらくなるはずだ。

【机の上をスイング】

動画

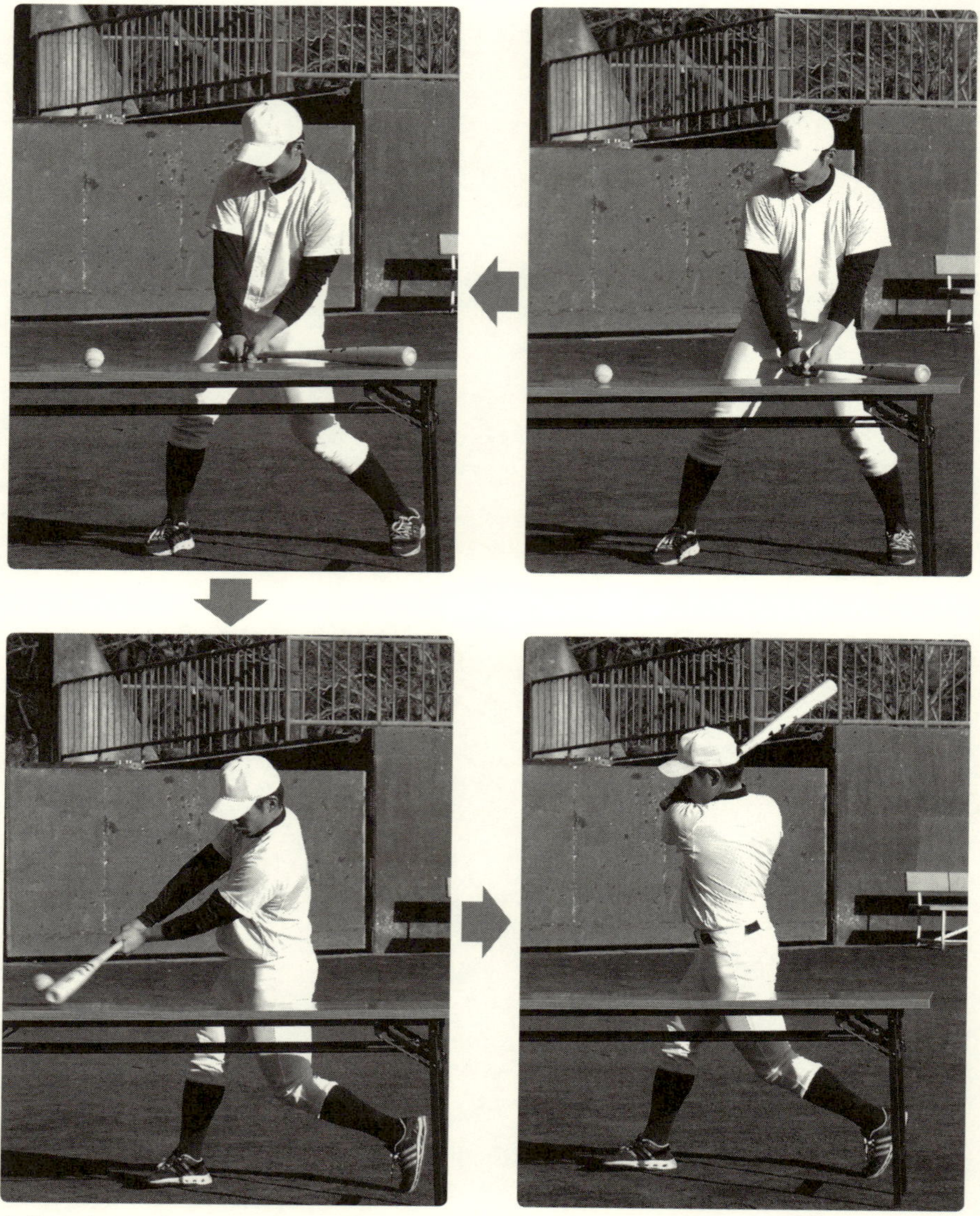

まずは、バットでボールをとらえるインパクトから作ったほうが、上達のスピードが速い。机の上をスイングすることで、「投球のラインにバットを入れていく」という感覚を身につけやすくなる

動画 がついたメニューは動画で確認できます。
10ページを確認ください。

捻転動作を身につける

ゴミ袋を使ったハンマー投げ

子どもたちを見ていると、大半の子が回転動作によってバットを振る傾向にある。その場でクルンと回ることで、バットを振っているため、下半身と上半身が同じように回ってしまう。初歩の段階としては、これでも構わないのだが、「ボールを遠くに飛ばす」、「ミート力を上げる」ことを考えていくと、改善が必要になってくる。小学生に限らず、中学生や高校生、そして私が指導している大学生にも見られる動きである。

そこで身につけてほしいのは、捻転動作だ。下半身が回ったとしても、上半身が一瞬残ることによって「捻れ」が生まれ、強いエネルギーが生み出される。この「捻れ」があれば、打ちにいくなかでボール球を見極められたり、ピッチャーの緩急にも対応できたりするのだ。

小学生にすれば高度な技術のように思うかもしれないが、体に力のない小学生だからこそ、体得しやすいとも言える。なぜかというと、体に力が付いてくると、自分自身の力を目一杯使って、バットを振ろうとするからだ。腕を中心にした上半身で振ろうとすると、どうしても捻転動作は起きにくくなる。

では、どのようにして捻りを身に付けるか。

用意してほしいのが、ゴミ袋とバスケットボールやバレーボールなど重さのある大きなボールだ。このボールをゴミ袋の中に入れて、ハンマー投げのイメージでグルンと回したあと、遠くに飛ばす（p・188）。ボールに重さがあるため、自然に上半身と下半身にズレが生まれていく。技術的な表現を使えば、「腰は回り始めているのに、グリップが後ろに残っている」という状態になるのだ。

私は大学の授業で、バッティングの経験がない女子大生にソフトボールを教えることがある。彼女たちが一番戸惑うのが、体を捻る動作である。テニスやバドミントンなど、打球系のスポーツをやってきた学生ならイメージはつくが、そうした競技を経験していない子たちには、口で言ってもなかなか伝わらない。そこで、このハンマー投げを取り入れてみたところ、多くの学生が飛躍的に打てるようになった。週1回だけの授業でも、1カ月で打球スピードが10キロ速くなった学生もいた。

「捻る」というと、上半身と下半身を逆方向にグーッと深く捻るイメージを持つかもしれないが、そうではない。下半身が回り始めたときに、上が回らずに残っていれば、それだけで捻れは生まれていく。

慣れてきたら、ゴミ袋を飛ばす方向にも意識を向けてほしい。理想は、センター方向に真っ直ぐ飛ばすこと。捻転が弱く、回転動作が強いと、右バッターであればレフト方向に飛んでいきやすい。ときには、三塁のファウルゾーンに飛んでいくこともあるので、周りで見る場合には注意が必要となる。

第2章でも紹介したが、こうした捻転動作に関わってくるのが胸郭の柔軟性である。胸郭の可動が広ければ、より深い捻転を作れるようになり、ボールをとらえるインパクトで強い衝撃を加えることができるようになる。ぜひ、胸郭のストレッチにも、時間をかけてほしい。

【ゴミ袋を使ったハンマー投げ】

動画

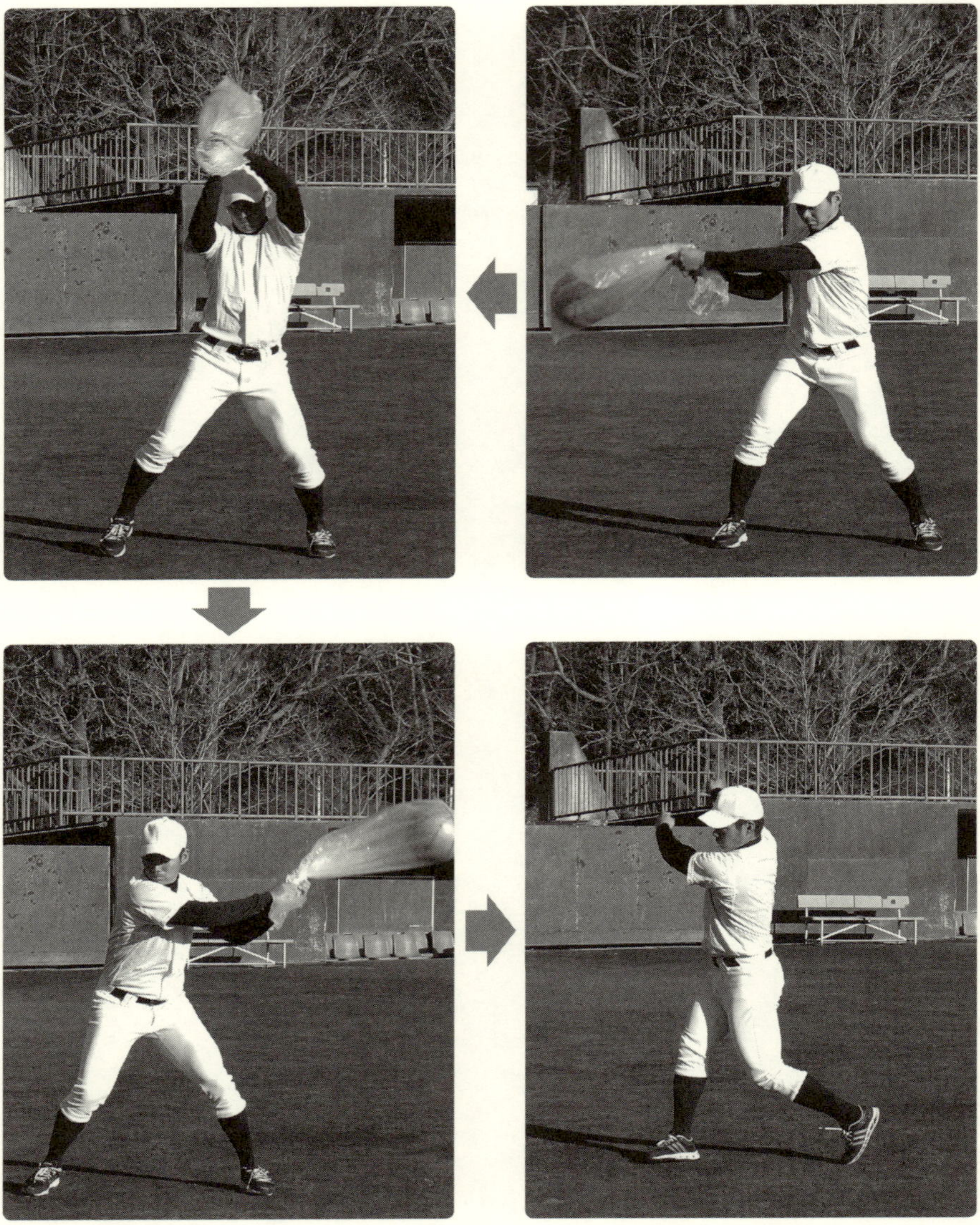

ゴミ袋にバスケットボールやハンドボールなど重さのあるボールを入れて、ハンマー投げのイメージで、遠くに放り投げる。ボールに重さがあるため、意識をしなくても、上半身と下半身のズレを生み出すことができる

動画 がついたメニューは動画で確認できます。
10ページを確認ください。

体重移動の感覚を養う

不安定な状態でのスイング練習

捻転動作とともに、大事な技術となるのが体重移動である。わかりやすくいえば、後ろ足にためた力を、前足に移していく動きであり、この移動の力に回転運動が加わることによって、力強いバットスイングが生み出される。

メジャーリーガーの長距離砲を見ていると、後ろ足に体重を残したまま振っているように感じるが、スロー映像で確認すると、前足に体重が移り変わる局面が必ずある。後ろ足に乗せたまま打っていたら、あれほど強烈なホームランは生まれない。

難しいのが、ただ後ろ足から前足に体重を移せばいいわけではないことだ。そこに、回転運動が伴っていなければ、実戦的なバッティングにはつながっていかない。

そのためのポイントは、体の内側に力をためながら、体重移動を行うところにある。小学生に多いのが、頭の位置が体の外側にずれること。後ろ足に体重を乗せるときに、頭が後ろ足よりも外に逃げてしまうと、体のバランスが崩れ、スムーズな体重移動が引き起こせなくなる。

小学生が楽しみながら取り組める練習が、手製のシーソーを使った素振りやティーバッティングだ。不安定なシーソーに乗ることで、体の内側、具体的に言えば内転筋群の力がよく働き、バランスを取りながら、体重移動することを覚えていく（p・191）。シーソーがなければ、トランポリンや弾力性のあるタイヤでも代用可。人間は不安定な状態に立たされると、「倒れたくない」という本能が働き、自らの力で安定を求めていく。

そして、投手編（p・84）でも解説したが、内転筋を働かせることによって、鋭い回転運動が生まれていく。

【シーソーを使ったスイング練習】

不安定なシーソーの上に乗ることで、内転筋群の力がよく働き、体重移動を使ってスイングする感覚をつかみやすい。バランスが崩れていると、うまくスイングすることができない

動画 がついたメニューは動画で確認できます。10ページを確認ください。

体重移動を養うスイングドリル

体重移動で飛ばす感覚を得る

シーソーやトランポリン上でのスイングと並行して取り組んでほしいのが、体重移動を意識したさまざまなスイングドリルである。

たとえば、小学生でも取り組めるのが「フリーフットスイング」というメニューだ。ボールをとらえる直前に軸足を上げて、前足（フリーフット）だけでスイングする（p・194）。軸足を上げて打つことで、必然的に前足に体重が乗るようになり、体重移動の感覚を養いやすい。軸足に体重が残ったままでは、軸足を上げることができなくなる。

子どもは大人に比べると骨盤が小さいため、プロ野球選手のように内転筋をギュッと締めて、股関節の回転で打つにはまだ難しい。それを補うためにも、体重移動をうまく利用する打ち方を覚えていきたい。

トップレベルになると、体重移動の幅をより小さくすることによって、ボールをとらえる確率を上げていくが、小学生のうちは筋力的に難しい。体重移動をより大きく使うことで、力強いスイングを生み出せるようになる。

またp・182で、ボールをとらえるインパクトは「踏み出した前足の前」と説明したが、小学校低学年であれば、それよりもピッチャー側で打つイメージを持ったほうが、強い打球を打てることが多い。少しでもピッチャー寄りでボールをとらえたほうが、体重移動で生み出したエネルギーをボールにぶつけることができる。

【フリーフットスイング】

ボールをとらえる直前に後ろ足を上げることで、前足に全体重を乗せて、打つことができる。後ろ足に体重が残りすぎてしまう選手への矯正練習としてもおすすめ

動画がついたメニューは動画で確認できます。
10ページを確認ください。

構えのポイント

ヒザとつま先を同じ方向に

体重移動、捻転動作、回転運動という基本となる3つの動きを頭に入れたうえで、ここからはバッティング技術を高めるための細かなポイントを詳しく紹介していきたい。

まずは、「構え」である。一般的に、バッティングは構えから教える人が多いかもしれないが、最初にそれをやると、どうしても窮屈な感じになってしまう。だから、構えを教えることもバットにボールが当たるようになってからでいい。補足すれば、前述した「シーソースイング」などに取り組んでいると、自然にバランスの取れた構えになっていくものである。

そのなかで、子どもたちに気にしてほしいポイントは次の2点となる。

ひとつは、軸足のヒザとつま先を同じ方向に向けるということだ（p・197右）。どうしても、ヒザだけが内側に入り、内またで構えている子どもが多い。ヒザが内側に入ったまま体重移動が行われると、前の肩が開き、体が早く正面を向くようになり、緩急への対応が難しくなってしまう。これは、中学生や高校生にも見られる状態である。

もうひとつは、つま先とヒザの位置関係である。子どもたちの構えを見ていると、ヒザがつま先よりも前に出ていて、尻が落ちていることがある（p・197左下）。これでは、体の後ろ側の筋肉を働かすことができず、出力を発揮することができない。かかと重心にもなりやすく、外の球を強く打つことができない。この状態からバットを振っても、強いスイングは生まれにくい。

コツとしては、腹の前に空間を作るイメージで、尻を少しだけ後ろに突きだして構えること。こうすれば、尻やハムストリングスの筋肉を使いやすくなるはずだ。（p・197左上）

【ヒザとつま先の位置】

○ ヒザがつま先よりも前に出過ぎないように構える

× ヒザが前に出ると、体の後ろ側の筋肉を使いづらくなる

【ヒザとつま先の方向】

○ 軸足のヒザとつま先を揃えて構える。ヒザが内側に入らないように注意

× ヒザが内側に入ると、前肩が早く開きやすくなり、緩急に対応しづらい

タイミングをはかる

中臀筋をどれだけ使えるか

どれほど力強いスイングをしていても、ピッチャーが投じるボールとのタイミングが合っていなければ、ヒットを放つ確率は下がってしまう。素振りではいい形で振っていたとしても、それが結果につながるわけではないのがバッティングの難しいところである。

タイミングに関しては、バッター一人ひとりの感覚があるので、正直教えることは難しい。そのうえで、一番オーソドックスなものとしては、ピッチャーがトップに入ったときに、バッターもトップを作り、打つ準備を整えることだ。ピッチャーよりも先に動いて、「さぁ、いらっしゃい」と待ち構えるぐらいの意識を持っておきたい。

ここで、ポイントがひとつ。足を上げたり、すり足だったり、ノーステップ打法だったりと、タイミングの取り方はさまざまあるが、大事なことはお尻の筋肉を使って、横移動を行うこと。

【中臀筋】※体の後面

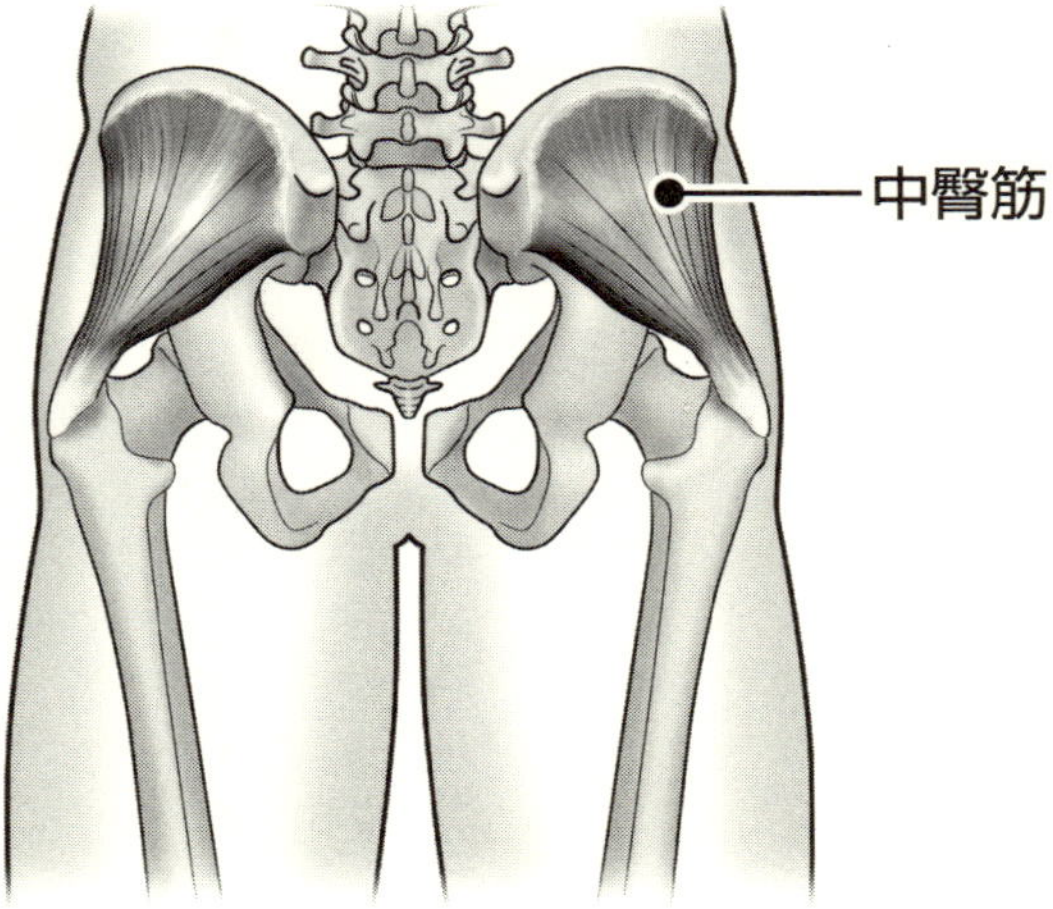

具体的に言えば、中臀筋をどれだけ使えるか。ピッチャーの体重移動にもつながる話で、ここでも横移動＝サイドステップに取り組むことが重要になる。横移動が正しくできれば、軸足に体重を感じたまま、前足を踏み出すことができる。p．88で紹介したサイドステップに取り組むと、中臀筋の強化につながっていく。手の位置を下げることによって、通常のサイドステップよりも、尻に負荷がかかるのがわかるはずだ。

小学生や中学生に多いのが、ヒザの曲げ伸ばしを使って、タイミングを取ろうとすること。ヒザがつま先よりも前に出た状態で構えていると、どうしても屈伸運動を使いやすくなりやすい。体が前にいくしかできなくなり、緩急への対応がもろくなる。タイミングは、構えから始まっていることを認識しておきたい。

投球の到達時間に気を配る

90キロ＝0．60秒で達する

タイミングを合わせるときに、考えなければいけないのが時間と距離の関係性だ（p．202）。投球がホームベースに到達するまで、どのぐらいの時間がかかるか。18．44メートルから140キロの球が投じられた場合、0．44秒でホームベースに達する。人間はモノを見て判断するのに0．1秒、さらにそれを行動に移すのに0．1秒かかり、計算上は残りの0．24秒でバットを振らなければ、140キロの球を打つことはできない。ただし、これは現実的に難しいこと。だから、一流バッターになるほど、「判断してから振っている」のではなく「打ちにいきながら判断している」。

こうした原則を踏まえると、実際に140キロの球を打たなくても、バッテリー間を短くして、0．44秒ぐらいで到達する距離と球速を設定すれば、140キロの対策につながっていく。

小学生のピッチャーで考えると、90キロを想定した場合は、p・202の表にあるとおり、0.60秒でホームベースに到達する。距離を15メートルにしているのは、学童のバッテリー間16メートルから、ピッチャーのステップ幅を差し引いて計算しているからだ。

ここで考えてほしいのが、練習中に指導者やお父さんが投げるボールが、何秒ぐらいでバッターに達しているか、ということだ。あまりにフワリとしたボールだと、子どもたちは逆に打ちづらい。90キロを打つのが難しければ、70キロ（およそ0.75秒）の設定にしてもいい。ある程度、同じ到達時間でリズムよく投げてあげると、バッターも打ちやすくなる。

【時間と距離の関係性】
投球がホームベースまで到達する時間

km/h	m/sec	距離	時間
140	38.9	17	0.44
130	36.1	17	0.47
120	33.3	17	0.51
110	30.6	17	0.56
100	27.8	17	0.61
100	27.8	15	0.54
90	25	15	0.60
80	22.2	15	0.68

軸足でタメを作る

いいバッターほど接地までの時間が長い

打率が高いバッターと低いバッターで何が違うかと考えたとき、ひとつの理由として挙がるのが、「打撃動作にかかる時間」である。

グラフp・206上は、大学生のレギュラー組とレギュラー以外の打撃動作を分析したもので、一番わかりやすい違いは、「レギュラー組のほうが前足を引き寄せてから接地するまでの時間が長い」ということだった。野球の用語で考えると、「タメの時間が長い」と表現することができる。接地までの時間が長ければ長いほど、変化球を含めた緩急に対応しやすくなる。すなわち、ヒットを打てる可能性が高まるということだ。

プロ野球選手のバッティングを思い浮かべてみても、毎年ハイアベレージを残す秋山翔吾選手（西武）や山田哲人選手（ヤクルト）らは、足を上げてから接地するまでの時間が長い。この時間を使って、バットを振り出すタイミングをはかっている。

このタメは、軸足の股関節に体重を乗せた状態でタイミングを取り、内転筋に力を残しながらステップすることによって、生み出されている。素振りのときに「1・2・3」ではなく、「1・2・の〜・3で振る」という教えがあるが、「の〜」の部分がタメになる。小学生はストレートしか投げてこないので、「1・2・3」でもいいかもしれないが、中学生以上になると変化球が混ざり、緩急に対応できなければ、バッターとして活躍することはできない。だから、小学生のうちから、タメを作る意識を持っておきたい（p・206下）。

では、どうしたら、タメを生み出せるのか。ここに関わるのが、すでに紹介した構えの2つのポイントと、サイドステップの意識だ。軸足のヒザが内側に入っていたり、ヒザが足よりも前に出ていると、軸足の股関節に体重を乗せにくくなる。いくら、「タメを作ろう」と思っても、体がうまく動いてくれないのだ。

練習方法としておすすめしたいのが、2種類のティーバッティングである。

ひとつは、真後ろからのトスを打つティー（p・207）。小学校低学年にはちょっと難易度が高いので、高学年になってから遊び感覚で取り組んでみてほしい。後ろからトスされたボールを打つには軸足に乗って、ボールを待つ必要がある。そこで、必然的にタメを作る感覚が養われていく。同時に、体がピッチャー寄りに流れてしまうと、強いスイングができないことがわかってくる。

もうひとつは、足を揃えた状態からのティーバッティングがある。はじめは両足を揃えて構え、ここから前足をステップして体重を乗せて、次に軸足に体重を乗せて、最後にもう一度、足を踏み出して、スイングに移る（p・208）。「軸足に力を残したまま、前足をステップする」という感覚を得やすいドリルで、体重移動の練習にもつながっていく。

【打撃動作にかかる時間】

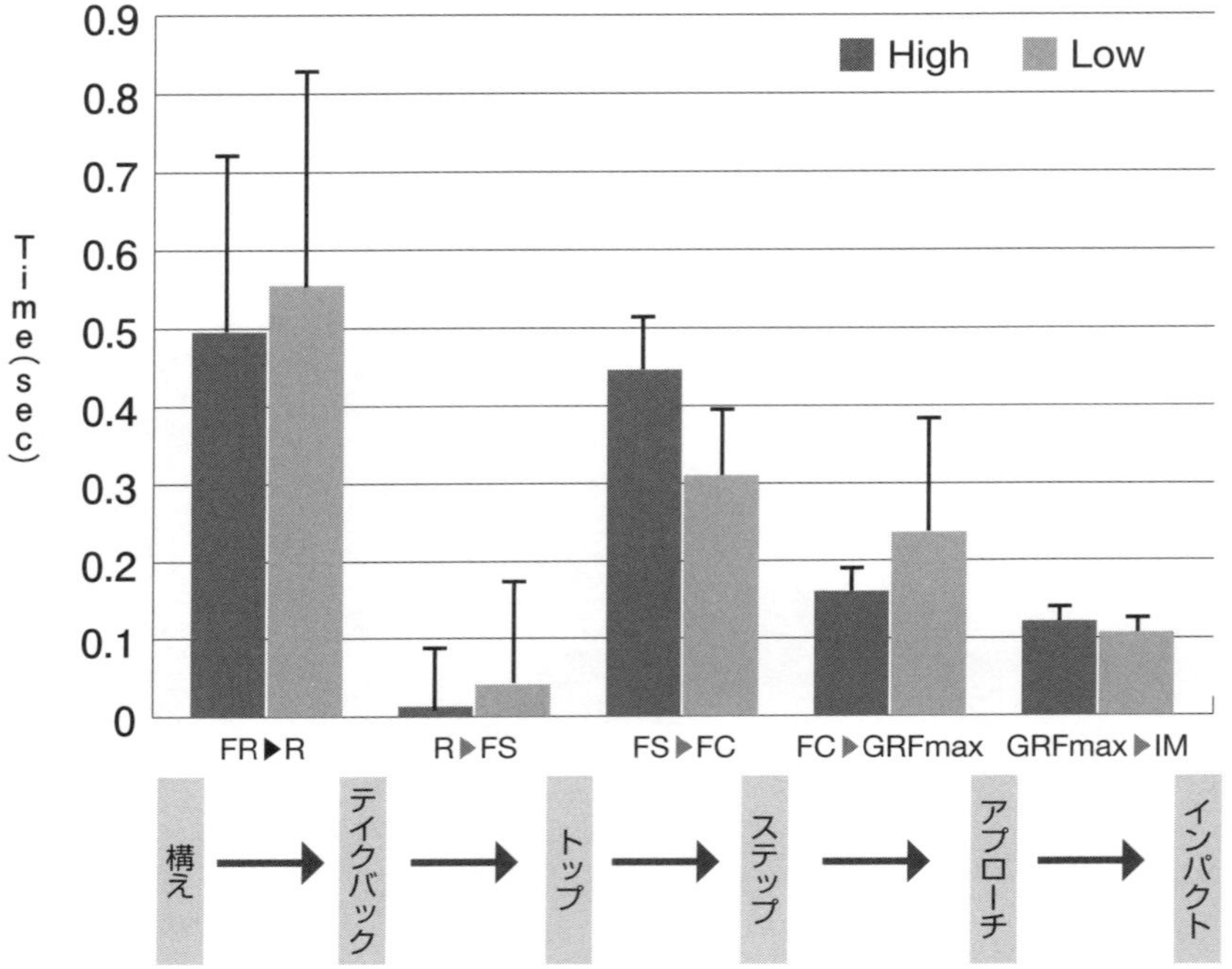

金掘（2014）※著者改変

【タメを作る動作】

足を上げてから、「1・2・3」で下ろすのではなく、「1・2・の〜・3」と、時間を感じながらステップする。このタメがあることで、緩急に対応できるようになる

【真後ろからのトスを打つティー】

後ろからトスされたボールを、センター方向へ飛ばす。後ろからくるボールを打つには、軸となる後ろ足に乗って、タイミングを取らなければいけない。小学校高学年になってから、遊び感覚で取り組んでほしい

動画 がついたメニューは動画で確認できます。
10ページを確認ください。

【足を揃えた状態からのティー】

動画

※動画から切り出したものです

動画 がついたメニューは動画で確認できます。
10ページを確認ください。

重要なバット選び

重たいバットは腰痛につながりやすい

当たり前のことであるが、バッティングには「バット」という道具が必要になる。この道具をうまく扱えるかが、バッティング上達のためのひとつのカギと言っていい。未就学児であればカラーバットで問題ないが、いざチームに入って、試合に出場するとなると、金属バットを使うことになる。当然、バットが重たいとスイングは鈍くなる。

そこで考えてほしいのが、自分の体や筋力に合った適切なバットを選ぶ、ということだ。ひとつの基準としては、片手でバットを持って、肩の高さまで上げたときに、バットを寝かせた状態で5秒間キープできるか。ここで、バットの重さに負けて腕が下がってくるようであれば、自分の体に合っていないと判断したほうがいい（p・212）。

人間の本能として、バットが重たくなると、どうしても「強く握ろう」と思ってしまう。強く握らないと、バットを操作することができないからだ。しかし、前腕や指先など、体の末端部分に力が入れば入るほど、体に余計な力みが生まれて、思うようにバットが振れなくなる。カラーバットでは素晴らしいバッティングを見せていた子どもが、金属バットを持った途端に別人のようなスイングになることがあるが、これは技術云々の前にバットの重さが原因であることが多い。

また、小学生ではあまり聞かないが、中学生や高校生になると、1キロや1．2キロの重たいバットを振って、「振る力をつける」という話をよく耳にする。鉄バットを振るチームも出てきている。

個人的には、あまり賛成できない。というのも、野球選手に多い「腰椎分離症」の原因のひとつとして、「重たいバットでのスイング」が考えられるからだ。重たいバットを振ることによって、振り終わったあとに、腰が捻れすぎてしまい、それが腰の痛みにつながっていく。「野球腰」と言われることもあるが、腰痛で悩む学生は本当に多い。

さらに、筋力がまだ弱い選手が振ろうとすると、どうしてもフォームが崩れてしまう。さきほどの話にもつながるが、バットを握る力も強くならざるをえない。そうであれば、自分の体に合ったバットで正しいフォームを習得していったほうが、技術習得の近道になるはずだ。

とはいっても、大学生にもなれば、まったくやらないわけではない。それはある程度、体に力がついてきて、多少の負荷であれば耐えられるという判断からだ。それでも、振る回数や強度には気をつけていて、重たいバットだけを振り続けることはしないようにしている。

もし、チーム内から「腰が痛い」と言う声が出てきたら、練習で使うバットの重さに原因があるかもしれない。体ができていない子どもであればあるほど、バットの重さには十分気をつけてほしい。

【バット選びの基準】

○ 片手でバットを持って、肩の高さまで上げたときに、バットを寝かせた状態で５秒間キープできれば、自分の体に合ったバットと判断できる

× ５秒間キープすることができないバットは、今の体には合っていないと考えたほうがいい。重いバットを振ることで、腰を痛める恐れもある

バットの握り方を学ぶ

重太鼓を叩くイメージで握る

道具を扱うとなると、その道具をどうやって持つかが重要になってくる。すなわち、バットの握り方がバッティングに影響を与えるということだ。

イメージしてほしいのは、太鼓を叩く動きだ。今の若い人であれば、ゲームセンターで『太鼓の達人』で遊んだこともあるかもしれない。太鼓を速く強く叩こうとすると、バチを軽く持って、操作性を高めようとするはずだ。それも手の平でギュッと強く握るのではなく、指で握って、余計な力を加えないようにする。

これは、道具を使う競技に共通する考え方で、バドミントンやテニスでも、はじめからグリップを強く握ると、どうしてもスイングが遅くなってしまう。軽く握ったうえで、シャトルやボールをとらえるインパクトの瞬間に、グッと力を入れる。うまい人の動きを分析していくと、小指、中指、薬指の３本で握っていることが多い。バッティングにおいても、こうした感覚が必要になってくる。

２年ほど前に、ＮＨＫの番組『すイエんサー』に出演させていただき、野球素人の男性が「１６５キロのストレートを打てるのか」という企画に挑戦したことがある。最終的には内野の頭を越えるようになったのだが、さまざまな取り組みをするなかで効果があったのが、応援団が使うような太鼓を何度も何度も叩くことだった。与えた課題は、一定の時間でどれだけ数多く叩けるか。強く握っていたら、絶対に回数を重ねられないことがわかってくる。

一流選手のバットの握り

両手を空ける松田宣浩選手

バットの握りについて、もう少し解説を加えたい。

プロ野球選手の握りを調べてみると、じつにさまざまな握り方をしていることがわかる。その代表例が、ソフトバンクで活躍する松田宣浩選手である。その握りは独特で、左手と右手の間を指2本分ぐらい空けている（p・217）。両手をくっつけたときと空けたときのスイングスピードを調べたことがあるが、スピードだけ調べるとくっつけたときのほうが速かった。それに比べて、両手を空けた握りでは、5キロほどスイングスピードが落ちてしまうのだ。

では、なぜ、両手を空けた握りを取り入れているのだろうか。

松田選手に聞くと、「ヘッドが落ちるのを防ぐため。打ちにいくときにヘッドを起こしたいから」と話していた。バットは先端にいくほど重たくなるため、どうしてもヘッドが落ちやすくなる。ヘッドが落ちたままボールに当たると、投球の威力に負けてしまう。このときに両手を空けておけば、右バッターであれば右手の力を使って、ヘッドを起こしやすくなるのだ。

同じソフトバンクでは、巧みなバットコントロールが武器の長谷川勇也選手（左バッター）は、松田選手とはまったく違う握りをしていた。右手の人差し指と左手の小指をからめるようにして握り、手とバットが触れ合う面積をできるだけ小さくしようとしている。この状態でしっかりと振れるのであれば、手とバットが接地する面積を小さくしたほうがスイングスピードは速くなりやすい。

子どもたちも「力を抜いて握る」という基本を踏まえたうえで、自分に合った握りを探してみてほしい。

【両手を開けた握り方】

右手と左手の間をあえて空けることによって、ヘッドが落ちるのを防ぐことができる。ただし、スイングスピードは落ちるので、プラス部分とマイナス部分がある

バットを投げ出す

「振る」のではなく「投げ出す」

ＮＨＫの番組『すイエんサー』での試みについて、もう少し補足したい。

バットの握り方に加えて、もうひとつ大きな効果があったアドバイスがある。企画にチャレンジした出演者には、「バットを振るのではなく、『ポン！』と前に投げ出してみよう。あとは、打つ準備（トップ）を早く作ること」と伝えた。ボールが来るところに、とにかくバットを投げ出してみる（p.220）。もちろん、本当に投げてしまうわけではなく、そのぐらいの感覚でバットを出してみましょう、ということだ。

なぜこういうアドバイスをしたかというと、バットを振ろうとすると、バットがどうしても体から離れてしまうからだ。特に「強く振ろう」と思えば思うほど、腕に余計な力みが入り、いわゆる「後ろが大きなスイング」になってしまう。こうした選手には「ヒジを畳んで」というような専門的なアドバイスをするよりも、「バットを前に投げ出して」と言ったほうがわかりやすい。

そして、理想を言えば、バットの芯でボールをとらえること。「芯をボールにぶつける」という感覚を持ったほうが、イメージがしやすいかもしれない。

近年、メジャーリーグの影響もあるのか、少年野球や中学野球にも「強く振る」「遠くへ飛ばす」という考えが広まってきている。決して悪いことではないが、小さいうちは芯に当てる技術を磨いてほしいとも思う。どれだけ強く振れたとしても、芯でとらえる確率が低ければ、必然的にヒットの確率は下がっていくからだ。日頃の練習から、芯でミートする意識を高めてほしい。

【投げ出すようにバットを出す】

バットを強く振ろうとすればするほど、体からバットが離れていくことがある。こういう子どもには、「バットを前に投げ出して」とアドバイスをすると、バットがスムーズに出てくることが多い

動画 がついたメニューは動画で確認できます。
10ページを確認ください。

インサイドアウトのバット軌道

体の近くからバットを出す

では、バットを投げ出すようなスイングが上手にできる選手とできない選手の違いはどこにあるのか。

ここに関わってくるのが、インサイドアウトというバット軌道である。ヒットを打つ確率を高めるためにはとても重要な技術で、プロ野球選手でも難しいとされる動きである。

言葉で説明するのは少し難しいので、写真を見てほしい。

p・224上がインサイドアウトのスイングで、p・224下が俗にドアスイングと呼ばれる軌道だ。上の写真のほうが、グリップが体の近くを通り、そのグリップが支点となって、バットのヘッドが走っているのがわかるだろうか。一方の、下の写真は振り出したときからグリップが体から離れてしまっている。ドアがバタンと開閉するところに似ていることから、ドアスイングと呼ばれるようになった。体幹からバットが離れると、バットの重さを感じやすくなり、スイングスピードがどうしても遅くなってしまう。

インサイドアウトのメリットは大きく考えると2つある。まずは、スイングスピードを出しやすいこと。思い浮かべてほしいのが、フィギュアスケートのスピンである。速く鋭く回るときには、手や足を体の近くに折りたたんで、回転半径を小さくしている。手や足を遠くに伸ばすと、半径が大きくなり、回転スピードが落ちる。バッティングにも同じことが言えて、バットが体から離れれば離れるほど、スイングスピードが遅くなりやすいのだ。だから、体の近くからグリップを出す技術が必要になる。

もうひとつは、投球のラインに対してバットの軌道を合わせやすくなることだ。いいバッターほど、インパクトの直前には、打球方向へバットが並進する（打球方向へ真っ直ぐ進む）局面がある。距離で示すと、ミートポイントの前後10センチほど。この局面こそ、インサイドアウトのバット軌道によって生み出されている。

何やら難しく感じるかもしれないが、じつは体に力のない小学生のほうがインサイドアウトになりやすい。腕力に頼ったスイングができないため、体の回転に乗せてバットを振ろうとしているのだ。気をつけなければいけないのが、骨端線が閉じて、筋力が付いてきた年代で、どうしても腕力や上体の力で振ろうとしてしまう。中学生や高校生は特に注意が必要だ。

技術的なポイントを挙げるとしたら、後ろのヒジをヘソに近づけていくことだ。ヒジを鋭角に曲げた状態でグリップエンドを投球のラインに向けていく。この動きをするには、肩甲骨の柔軟性も必要になってくる。このとき、後ろヒジが脇腹につく選手もいるが、こうなるとバットが出てこなくなるので改善していきたい。

練習法として、2種類のティーバッティングを紹介したい。ひとつは、自分の体の後ろ側（キャッチャー寄り）に障害物を立てて、それに当たらないようにスイングするメニューだ。振り出すときにバットが体から離れてしまうと、障害物にガシャンと当たってしまう（p.225、226）。

もうひとつは、真横からのトスをセンター方向に飛ばすティーバッティング。センターに真っ直ぐ飛ばそうとするには、インサイドアウトでバットを振り抜くしかない。引っ張った打球しか飛ばない選手は、ドアスイング気味のスイングと判断することができる。

前の肩が先に開かないように注意してほしい。

【インサイドアウトのスイング】

○ グリップが体の近くを通り、そのグリップが支点となり、バットのヘッドが走っていく。投球のラインに対して、バットの面を合わせやすいメリットがある

× 振り出しの時点から、グリップが体から離れていくことを「ドアスイング」と呼ぶ。回転は半径が大きくなり、スイングスピードが上がっていかない

動画 がついたメニューは動画で確認できます。
10ページを確認ください。

【インサイドアウト習得ドリル】

動画

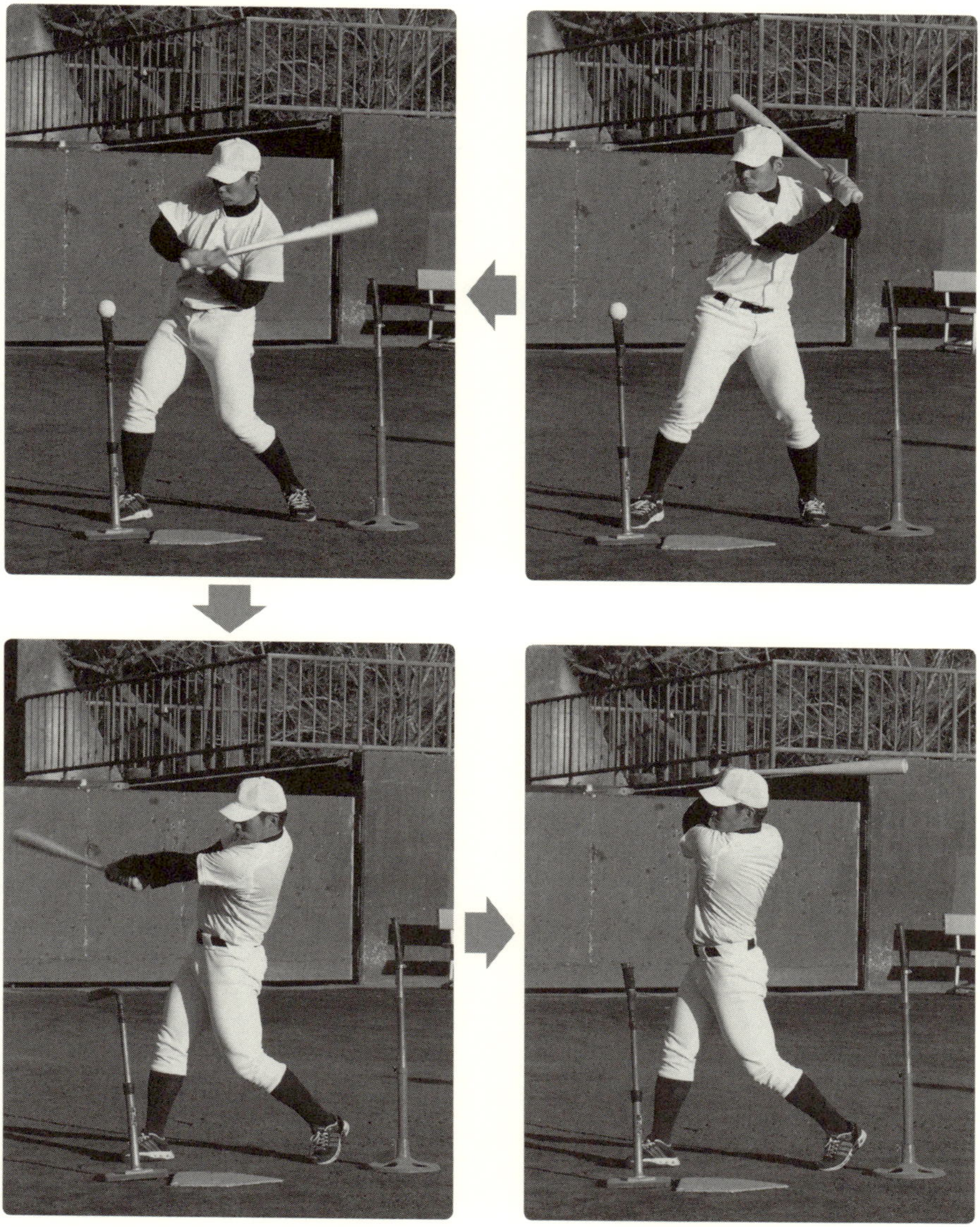

○ 写真のように、自分の体の後ろ側に障害物を立てて、この障害物に当たらないようにバットを振る。肩甲骨から動かすイメージで後ろヒジをヘソに近づけていくことで、バットが遠回りするのを防ぐことができる

動画 がついたメニューは動画で確認できます。
10ページを確認ください。

【インサイドアウト習得ドリル】

✕ バットが体から離れていくと、障害物にガシャンと当たってしまう。回転半径が大きくなるほど、回転スピードは落ち、結果としてスイングスピードも遅くなっていく

がついたメニューは動画で確認できます。
10ページを確認ください。

コース別の対応方法

コースによって体幹の回転角度が変わる

p・183で、ボールをとらえるポイントは「踏み込んだ前足の前」と紹介したが、ピッチャーが投じるコースによって多少の違いが生まれてくる。

イメージとして持っておきたいのが、インコースほど体の前でさばき、アウトコースほど体の近くになるということだ。インコースを体の近くまで引きつけて打とうとすると、どうしてもバットスイングが窮屈になってしまう。逆に、体から遠いアウトコースは、体の近くで打つことによってインパクトで力を加えることができる。昔から「コースに逆らわずにバットを出す」と言われるが、このポイントで打つことができれば、右バッターの場合であれば、インコースはレフトへ、真ん中はセンターへ、アウトコースはライトへ飛んでいくことになる。

では、これによって、体の使い方がどう変わってくるか。一番の違いは、体幹の回転角度が変わることだ。インコースほど回転が大きく、アウトコースほど小さくなる。

アウトコース打ちを学ぶために、おすすめなのが「振り戻し」というメニューだ（p・229）。振り終わったあとに、振った軌道のままにバットを戻す。打球方向は、左バッターであれば左中間、右バッターであれば右中間をイメージしておく。前の腰や肩が早く開いてしまうバッターへの矯正法でもあり、振り戻しを意識することで、この開きが抑えることができる。

なぜ、アウトコース打ちに適しているかというと、腰や肩が早く開くと、アウトコースに対して、力のないスイングになってしまうからだ。ただ、体幹の力を使って、回転を止める動きも必要になるため、筋力がまだ弱い小学生には難しい。骨端線が閉じてきた中学生から、重点的に取り組んでほしいメニューである。

【アウトコース打ちを学ぶ「振り戻し」】

インコースとアウトコースを打つときでは、体幹の回転角度が変わり、アウトコースほど小さくなる。この体の使い方を学ぶのにおすすめなのが「振り戻し」だ。スイングしたあと、振った軌道のままトップに戻す。前の腰や肩が早く開いてしまうバッターの矯正法にもなる

動画 がついたメニューは動画で確認できます。
10ページを確認ください。

一流選手のテクニック

ヒッティングゾーンの幅が広い

プロ野球選手のバッティングを分析していくなかで、「なるほど」と思ったことがある。それは、安定した成績を残すバッターほど、ヒットにする幅が広いということだ。ピッチャー寄りで打っても、キャッチャー寄りで打っても、ヒットにしている。別の言い方をすると、変化球に泳がされても、ストレートに差し込まれても、ヒットを打てる。これは、一流バッターならではの技術と言えるだろう。

たとえば、2018年まで首位打者2度、通算打率3割7厘を誇るソフトバンクの内川聖一選手は、ボールをとらえる前後の幅が広い。およそ1メートルの幅があり、球界でもトップクラスの数字である。同じソフトバンクでは、柳田悠岐選手の幅の広さも際立っていた。豪快なフルスイングの印象が強く、粗いイメージがあるかもしれないが、崩されても差し込まれても、スタンドに放り込む技術と力を持っている。

こうしたことから言えるのは、小さいうちから、いろいろな打ち方やポイントで打つ練習をやってほしいということだ。自分の理想のポイントで打てることなど、じつはめったにない。バッターとしては、タイミングがずれたときの対処法も練習しておく必要がある。いつも気持ちのいいバッティングができるわけではないのだ。

たとえば、こんなティーバッティングがある。前の手（右バッターは左手、左バッターは右手）でテニスラケットを持ち、テニスボールをセンター方向に強く打ち返す（p・232）。ストレートに差し込まれたときなど、ミートポイントが体の近くになったときに、前手の手首を返して、芯を早くぶつける狙いがある。このような練習を通して、バッティングの幅を広げてほしい。

【テニスラケットを使った練習】

右バッターは左手、左バッターは右手でテニスラケットを持ち、トスされたテニスボールをセンター方向に打ち返す。ストレートに差し込まれたときなど、体の近くで打たざるをえなくなったときに、前手の手首を返すことでバットの芯をぶつけていく

がついたメニューは動画で確認できます。
10ページを確認ください。

「変換効率」を上げていく

スイングスピードと打球速度の関係性

最後にハイレベルな話にはなるが、バッティングの能力を表す指数について紹介したい。

まず、p・236上を見ていただきたい。これは、スイングの方向とボールが飛びだす打球角度を示したもので、「インパクト角」と定義している。インパクト角が0に近いほど、ライナー性の打球が飛んだことになる。

続いてはp・236下。「変換効率」と「インパクト角」の関係を調べたグラフ（スタンドティーで計測）であり、「変換効率」という言葉は初めて耳にする人がほとんどかもしれない。わかりやすく説明すれば、以下のような計算から導き出された数字である。
・スイングスピード100キロ／打球速度100キロ
↓変換効率1

・スイングスピード100キロ／打球速度110キロ
↓変換効率1．1

つまりは、変換効率＝打球速度÷スイングスピード、となる。

スイングスピードが同じ場合であっても、一流選手になるほど打球速度が速い。つまり、スイングの力を効率よくボールに加えられていることになるわけだ。

なぜ、このような差が生まれるのか。その理由のひとつとして挙がるのが、インパクト角だ。インパクト角が0に近いほど、変換効率が上がっていく。そして、インサイドアウトの項でも紹介した「ミートポイント前後10センチのバットの並進運動」もここに関わってくる。

これまでの研究結果から見えてきた「変換効率」の平均値を紹介すると、

・小学生（軟式）0．7〜0．8
・中学生　0．9〜0．98
・高校生　1．0前後
・大学生　1〜1．1
・プロ　1．2〜1．3

過去には、中日時代の福留孝介選手が1．3という数字を叩きだしていた。

頭に入れておいてほしいのは、いくらスイングスピードが速くなっても、その力を効率的にボールに与えることができなければ、実戦的なバッティングにはつながらないということである。繰り返しになるが、体が未発達な小学生や中学生の頃にはボールを芯でとらえるミート力を高めていってほしいと願う。そこを追究していくことが、変換効率を高めることにもつながっていくはずだ。

【インパクト角の定義】

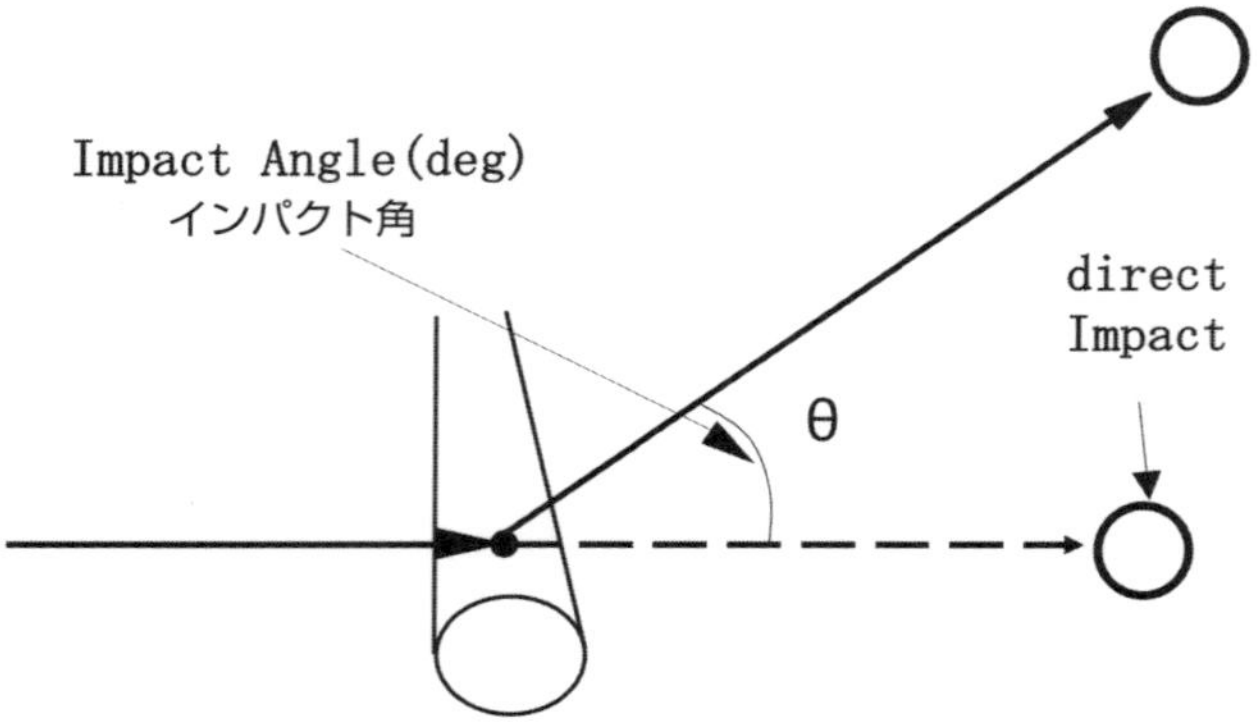

インパクト角の定義

0度に近ければバットスイングの方向と打球の方向が同じになる

【よい打撃はインパクト角が 0℃に近い】

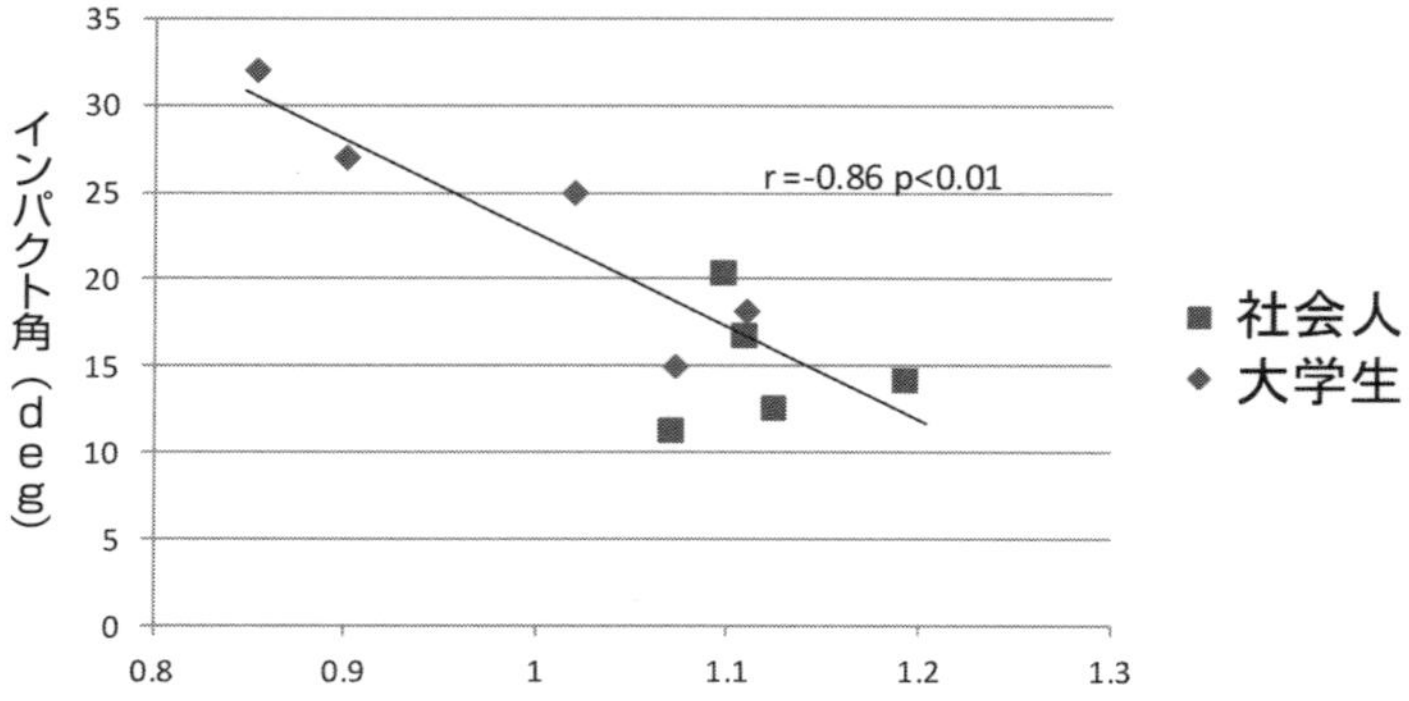

(川村, 2001)

打球速度／バット速度

インパクト角が 0° に近いほど打撃の変換効率が良い

第 5 章

ジュニア期のコーチング

「きわめる」から「わきまえる」へ

子どもの自立をサポートする

最終第5章では、小学生や中学生を指導するうえでのコーチングについてお話ししたい。

私は、ジュニア世代の指導者の前で講演する機会が多いが、そこで必ず伝えているのが、「これから求められるコーチングは〝きわめる〟から〝わきまえる〟。大人がきわめすぎようとすると、子どもに過度な負担がかかってしまいます」ということである。

勝ちにこだわりすぎることも、きわめることの弊害と言えるだろう。エースピッチャーがダブルヘッダーを両方完投して、さらに翌日も連投。さすがに投げすぎである。勝ちたいという想いが強すぎるほど、どこかに弊害が生まれてしまう。戦いに挑むのだから勝ちたいのは当然であるが、子どもたちを育てる立場の指導者としては「わきまえる」という考えが大事になってくる。

こうした考えを根底に置いたうえで、コーチングのポイントとして次の5つを提案したい。

1. 自信を持たせて、次への意欲を持たせること。

野球は失敗のスポーツ。そもそも、何をやるにしても、はじめはうまくいかないのが当たり前。できないことを叱るよりも、できたことを褒めて、認めてあげる。

2. 心身のバランスが乱れる時期。その要因がどこにあるかを認識し、許容する。

背が伸びることで、できていたことができなかったようにもなる。「今」の結果に一喜一憂せずに、「その先」を見てほしい。野球の技術も心の成長も右肩上がりではないことを知っておく。

3. できないことが長く続く場合は、別なこと（野球以外）をさせてみる。

身体的・精神的なバランスを考えてみても、「野球だけ」をやり続けるのは健全ではない。ほかのスポーツや遊びから覚えること、気づくこともたくさんあるはず。

4. 9歳ぐらいから論理的思考を育む。ハイ・イイエだけで終わらないように。

「わかったか？」「ハイ！」という体育会特有のやり取りでは、反射的に返事をしているだけで、論理的思考力が育まれない。たとえば、盗塁がアウトになったときなど、「次はどうしたら成功すると思う？」など、子どもたち自身に考える機会を増やしていく。

5. 自分を客観視して、改善に向かわせる

自分を客観視して、自ら改善する力は、社会に出ても必要な能力である。何でもかんでも大人が教えていては、指示を待ったり、教えてもらったりするのが当たり前になってしまう。

日頃、大学生を指導するなかで感じるのは、「自立できている選手ほど試合で活躍する」ということだ。言い方を変えれば、精神的に大人である選手。大学生になっても、自立できていない選手は、どこかで親の姿が見え隠れしてしまう。

なぜかというと、自立している選手は、試合中の判断力に長けているからだ。野球の試合は選択の連続で、自らの意志で選んで決断しなければいけない。

小学生のうちに本当の意味で自立するのは難しいが、自立のための準備期間として、大人がサポートしてほしい。子どもの成長とともに、細かいことを言い過ぎずに、「見守る」「考えさせる」というスタンスが必要になってくる。

野球のゲーム性を学ぶ

遊びのなかでルールを覚える

昔は公園での遊びを通じて、野球のルールを自然に覚えてきたが、今はそうではない。地上波のプロ野球中継も少なくなったことにより、子どもたちがテレビで野球を見る機会も減った。日々の生活のなかで、野球と接する機会が激減していると言っていいだろう。

こうした状況のなか、いかにして子どもたちにルールを教えていくか。

これが非常に難しい問題であるが、さまざまな人たちと相談しながら、いくつかの「野球型遊び」を作ってきた。野球初心者でも楽しめるようなルールにしている。

ここでは、野球教室などで盛り上がる「ならびっこゲーム」「サークルゲーム」を紹介したい。

初心者にとって難しいのが、走塁や守備の判断で、どの状況でどこに走ればいいか（投げればいいか）がなかなか理解できないい。こうした判断力を、段階的に磨いていく狙いがある。

ただ、ルールはあくまでも大人が簡易的に作ったもので、子ども同士で「もっとこうしたほうが面白い！」となれば、どんどん変更していって構わない。その学校やチーム独自のローカルルールが生まれるのも面白い。

大人は最初にルール説明をして、実演を見せたあとは、あれこれと指示を出さずに見守っておく。はじめはなかなかうまくいかなくても、時間が経ってくると、子どもは勝手に遊ぶようになるものだ。チーム分けやポジション、打順も、自分たちで決めるようにすると、さらに盛り上がっていく。

【ならびっこゲーム】

ボールの動き　人の動き

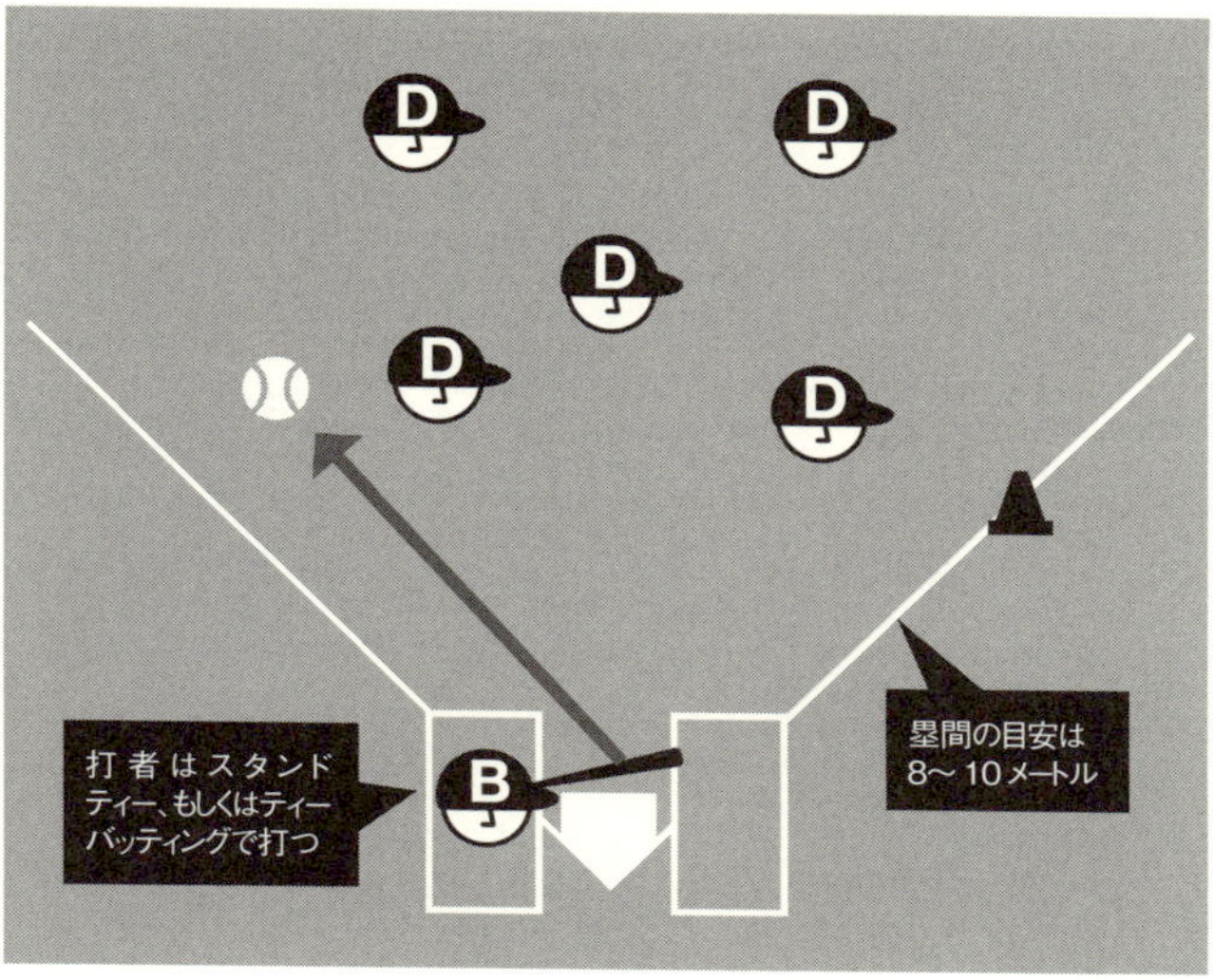

打者はスタンドティー、もしくはティーバッティングで打つ
塁間の目安は8〜10メートル

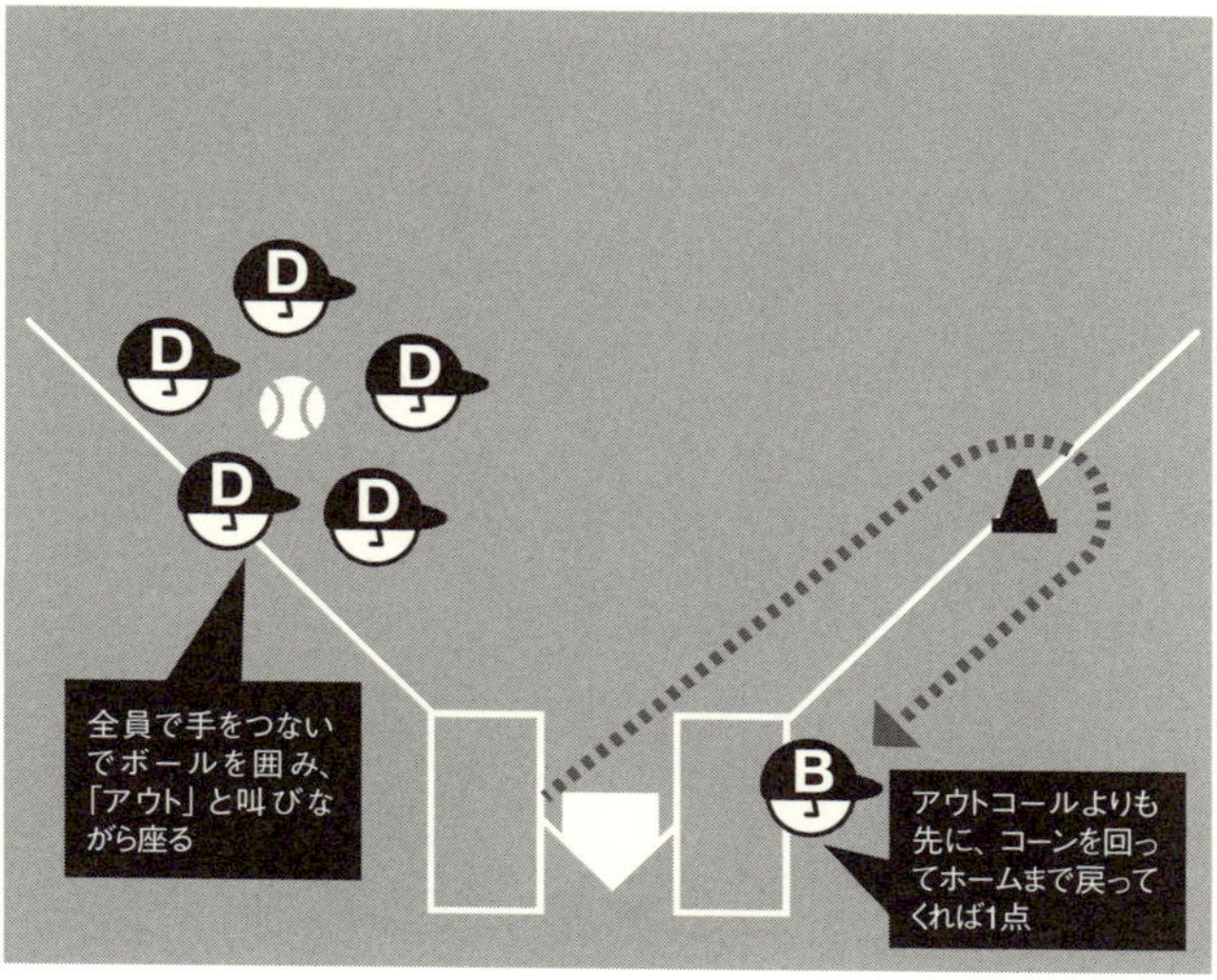

全員で手をつないでボールを囲み、「アウト」と叫びながら座る
アウトコールよりも先に、コーンを回ってホームまで戻ってくれば1点

【サークルゲーム】

ボールの動き　人の動き

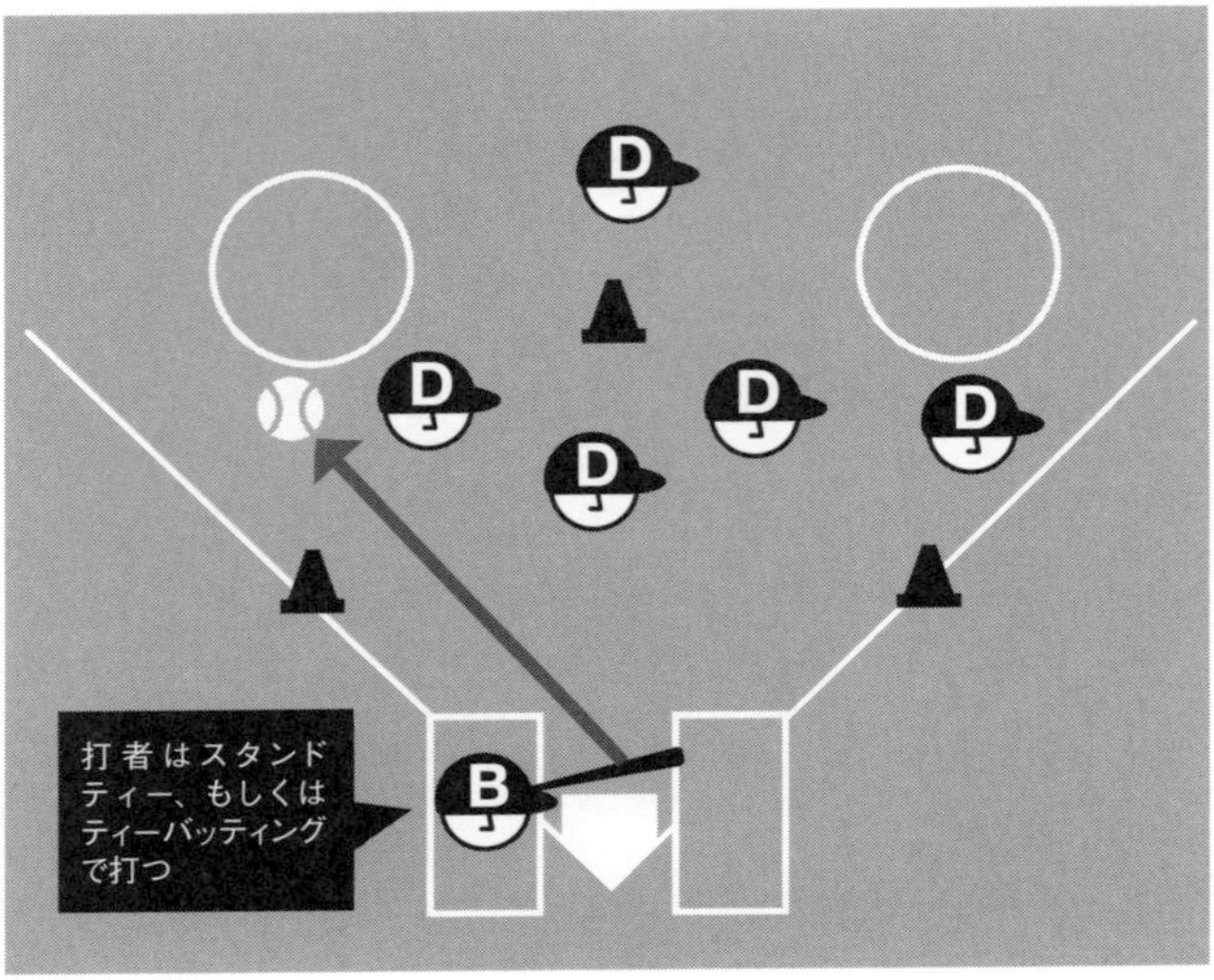
D
B
打者はスタンドティー、もしくはティーバッティングで打つ

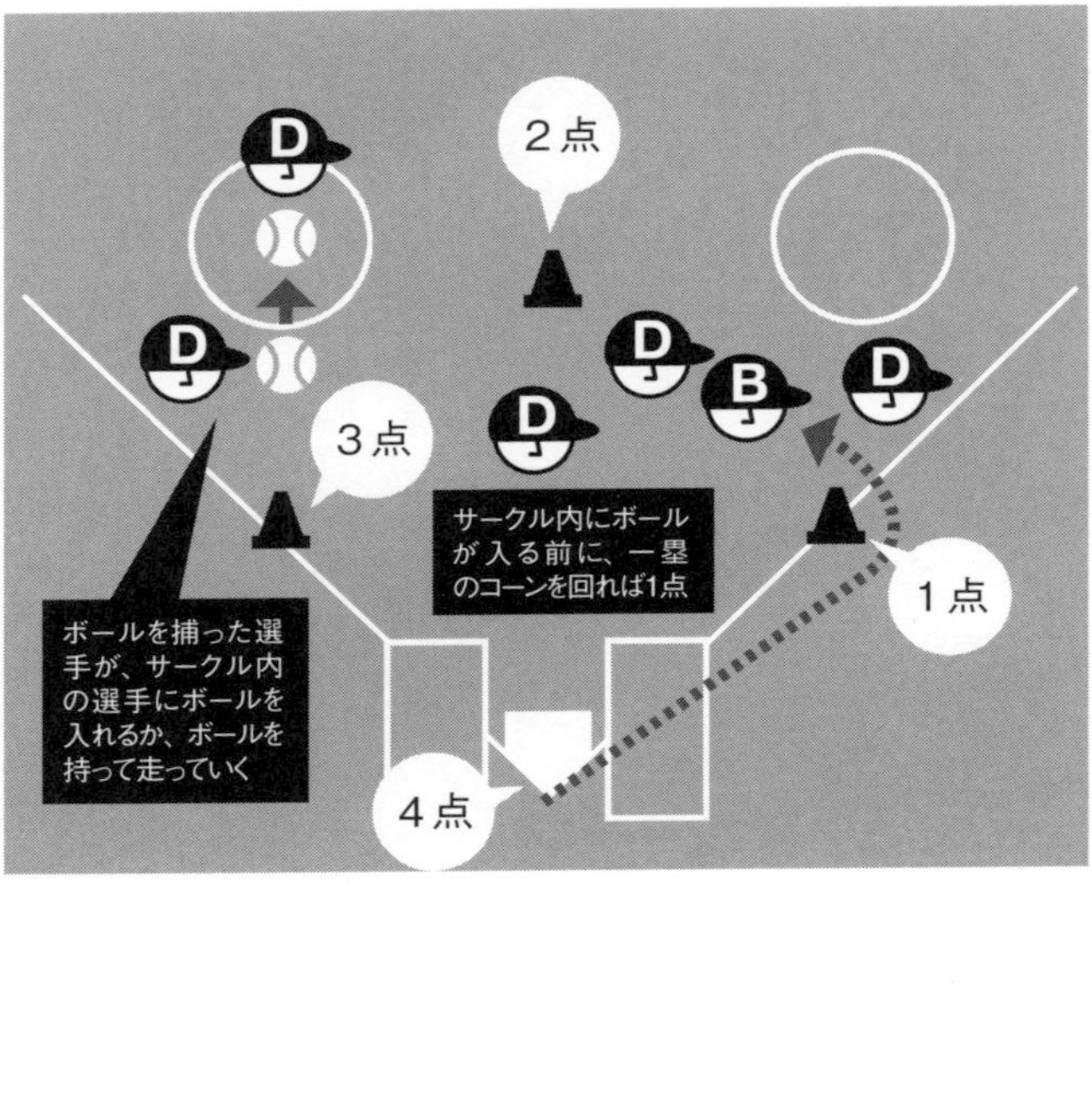
D
B
2点
3点
1点
4点
サークル内にボールが入る前に、一塁のコーンを回れば1点
ボールを捕った選手が、サークル内の選手にボールを入れるか、ボールを持って走っていく

成長期に起きるクラムジーやタイトネス

成長期特有の体の状態を知っておく

p・239で「心身が乱れる時期」と書いたが、身体的な面から考えると、「クラムジー」と「タイトネス」という言葉を知っておきたい。

「クラムジー」（Clumsy）とは、「不器用な」「ぎこちない」との意味を持つ形容詞である。スポーツの世界においては、急激に身体が成長する第二次性徴期に、身体と感覚のバランスを崩し、以前に修得した技術が思うように発揮できなくなる時期を指す。小学校高学年や中学生に見られる状態であるが、その感じ方は人それぞれ。まったく感じずに、高校生になる子どももいる。

「おかしいな」「うまくいかないな」というのは、本人が一番よくわかっている。何とかしたいけど、うまくいかない。だから、精神的にも、モヤモヤすることが多い。2週間で終わる子もいれば、1カ月以上かかる子どももいる。いずれは、自分の力で適応していく。

ここで気をつけなければいけないのが、指導者や保護者が「何でそんなこともできないの！」と怒ってしまったり、技術的な指導を加えたりすることだ。ぎこちない動きが、さらにぎこちなく恐れがある。特に投げ方を指導するのは避けたほうがいいだろう。投げるという動作はとても繊細なもので、体のちょっとしたズレによって、フォームが乱れていくことがある。「今は体が成長していて、うまくいかない時期」と理解したうえで、見守ってあげてほしい。この理解があるかどうかで、子どもとの接し方がきっと変わってくるはずだ。

もうひとつ、「タイトネス」という言葉もある。成長期に骨が伸びることによって、骨の周りにある筋肉が伸ばされ、一時的に筋肉の柔軟性が失われる。体が硬くなることで、動きそのものが変わってしまう。これも、成長期特有のものとして、理解しておきたい。

身長とパフォーマンスの関係性

150センチ以上になればパフォーマンスが上がる

コーチングの知識として、「小学生は、背の高さとパフォーマンスが比例する傾向にある」ということも頭に入れておいてほしい。簡単に言ってしまえば、背が高い選手ほど力があり、打っても投げても目立つ。ほかの選手と比べて発育発達が早く、バットを振る力やボール投げる力が備わっていると考えることができる。

一方で、背が小さい選手が技術的に劣っていて、野球センスがないのかというと、決してそんなことはない。これから身長が伸びていけば、十分に追いつき、追い抜く可能性はある。

表P・248上は、野球をやっている小学生40名を、120センチ台、130センチ台、140センチ台、150センチ台と、身長別に区分けして、「一塁駆け抜け」や「ベース一周」、「球速」などを調べたものである。

【身長別テスト結果】

	身長（cm）	体重（kg）	一塁走（秒）	一周走（秒）	打球S（km/h）	球速（km/h）	制球（点）	C&T（点）
120台（10名）	125.9	25.5	5.1	21.1	66.3	58	3.2	35.4
130台（12名）	135	29.7	4.9	19.7	80.8	65.2	6.5	50.4
140台（10名）	145.4	36.9	4.7	18.9	82.7	69.8	5.4	54.2
150台　（8名）	155.1	46.9	4.5	17.5	90.5	78.9	5.3	55.6

身長別の得点差	身長（cm）	体重（kg）	一塁走（秒）	一周走（秒）	打球S（km/h）	球速（km/h）	制球（点）	C&T（点）
130台-120台	9.2	4.2	-0.2	-1.4	14.6	7.2	3.3	15
140台-130台	10.4	7.2	-0.2	-0.8	1.8	4.6	-1	3.9
150台-140台	9.7	10	-0.2	-1.4	7.8	9.1	-0.2	1.3

特に打球速度、投球速度において、150台＞140台＝130台＞120台

【各身長カテゴリーの統計的な差】

	一塁走（秒）	一周走（秒）	打球S（km/h）	球速（km/h）	制球（点）	C&T（点）
120　vs.　130		★	★★	★	★	★★
120　vs.　140	★	★★	★★	★★		★★
120　vs.　150	★★	★★	★★	★★		★★
130　vs.　140						
130　vs.　150	★	★★	★★	★★		
140　vs.　150		★	★	★★		

★ $p < 0.05$；★★ $p < 0.01$
150台＞140台＝130台＞120台であることがわかる
つまり、120台とそのほかには大きな差がある
130、140台は同程度で150台になると差が大きくなる
このことが150台（平均155センチ）以上になるとパフォーマンスがよくなることを示す
制球はあまり差がないことがわかる

この調査からわかるのは、150センチ以上（平均155センチ）になると、パフォーマンスが上がっていくということだ。特に球速に関しては150センチを超えると、グンと伸びる。一方で興味深いのが、制球に関しては、130センチ台がもっとも高い数値を残している。球をコントロールする能力は、小学生もプロ野球選手もさほど大きな差はない。130センチ台の子どもが、アウトローにピタピタ投げる姿を見たことがある読者もいるだろう。

制球だけは例外となるが、ほかの項目は身長が伸びていけば、おのずとパフォーマンスは上がっていく。現時点で120センチ台だからといって、バットを短く持ってコツコツ当てたり、バントばかり狙っていたりすると、いざ背が伸びたときにバットを振れなくなる恐れがある。特に小学生の場合は、「今」ではなく、「その先」を見据えて、指導をしていただきたい。

デュアルタスクの重要性

状況認知能力を磨く

指導者が練習メニューを組み立てるときに、「デュアルタスク」という考えを盛り込むと、子どもたちの判断能力が上がっていきやすい。日本語にすると「二重課題」となり、「ある状況認知課題と運動課題の2つを同時に遂行する」と定義づけることができる。わかりやすくいえば、「何かをしながら何かをする」の意味になる。

一例を挙げると、「馬糞ドッジボール」という遊びがある。ドッジボールのコートのなかに、丸めた新聞紙を撒いておき、新聞紙を踏んだらアウトのルールとする。敵のボールから逃げるだけでなく、足元にある新聞紙も見ておかなければいけない。広い視野を持っておかなければ、新聞紙を踏んでしまうことになる。ちょっと汚い表現かもしれないが、「新聞紙＝馬糞」と見立てて、「馬糞ドッジボール」と呼んでいる。

野球に置き換えると、こんな練習を考えることができる。送りバントの練習をするときに、ファーストがチャージしてきたら三塁側に、サードがチャージしてきたら一塁側に転がすという条件付けをする。1対1のバント練習では簡単に決められていた選手も、こうした条件を付けると、成功率がグンと下がる。バントをただ転がすのではなく、そこに「判断」の要素が加わることによって、難易度が上がっていく。

どれだけ視野を広く持ちながら、プレーができるか。目の前の情報を瞬時に判断し、ベストなプレーを選択していく。専門的な言葉を使えば、「状況認知能力」と表現することができる。これまでの経験上、こうした感覚は大人になってから身につけようとしてもなかなか難しいものだ。小さいうちから、二重課題に取り組む経験を数多く重ねてほしい。

子どもの遊びは「回遊性」がカギ

子どもが飽きない工夫をする

子どもはひとつのことにずっと集中することができず、飽きっぽいところがある。特に未就学児は、自分の興味がないものはすぐにやめてしまう。お父さんがキャッチボールに連れ出しても、1～2分で飽きてしまい、砂いじりを始めるなんてことも珍しくないだろう。お父さんからしたら、「息子とキャッチボールするのを楽しみにしていたのに……」と思うかもしれないが、それが子ども。無理強いはよくない。

町にはさまざまな公園があるが、子どもたちに人気のある公園はさまざまな遊具が点在している。アスレチックがあったり、ブランコがあったり、雲梯があったり……、ひとつの遊具にとどまらず、興味があるものをぐるぐると周っていくのが子どもの特徴といえる。これを専門的には「回遊性」と表現する。

ここに、メニュー作りのヒントが存在している。「子どもは飽きっぽい」「興味があるものをぐるぐる周る」という特徴を生かして、遊びながら体を動かせる場を作ってほしい。

昨年12月に筑波大で行われた日本野球科学研究会では、未就学児や小学生を対象にした野球教室を行った。外野には遊びながら体を動かせる場をもうけたが、そこでも回遊性を意識したメニューが入っていた（考えたのは大学生）。バットをおでこにつけてぐるぐる回る「ぐるぐるバット」、前転、ケン・ケン・パ、バック走、トランポリンジャンプなどが、1周の中に用意されていた。ケン・ケン・パをずっとやり続けるのは大変だが、短い時間で次々にメニューが変わっていくと、子どもは楽しみながら取り組むものだ。メニューとメニューの間を、自然に走るようにもなるので、運動量を確保することができる。

著者略歴

川村 卓（かわむら・たかし）

筑波大学体育系准教授、筑波大学硬式野球部監督。

1970年、北海道江別市生まれ。札幌開成高校の主将、外野手として甲子園に出場経験を持つ。筑波大大学院体育研究科修了後、北海道で高校教員として４年半勤務。2000年から筑波大体育科学系講師を務め、その後、同硬式野球部監督に就任する。野球方法論、コーチング学が専門で、大学院では野球コーチング論研究室を開設している。動作解析、一流選手の特徴など、科学的なアプローチにより分析するスポーツ科学の第一人者であり、年代別の指導方法の確立に取り組む。野球コーチング論研究室では、工藤公康氏、吉井理人氏、仁志敏久氏など多くの元プロ野球選手が学んでいる。

参考文献

1. 川村卓：ピッチング練習の科学．洋泉社，2018
2. 川村卓：バッティング練習の科学．洋泉社，2018
3. 小倉圭，奈良隆章，小野寺和也：野球内野手における「体幹が突っ込む」ゴロ捕球動作の改善を目的とした トレーニングの効果．スポーツパフォーマンス研究 , 9, 238-250, 2017
4. 小倉 圭 , 川村 卓 , 金堀 哲也 , 野本 尭希 , 八木 快 , 小野寺 和也：野球内野手のゴロ捕球におけるステップ調節様式，体育学研究，62(2)：511-522，2017
5. 川村卓：守備・走塁の科学．洋泉社，2016
6. 川村卓：決定版！ピッチングの科学．洋泉社，2016
7. 川村卓：バッティングの科学．洋泉社，2014
8. 金堀哲也ほか：野球の打撃における指導者の主観的評価に対するキネマティクス的研究：下肢および体幹部に着目して . 体育学研究 ,59(1):133-147,2014
9. 川村卓，島田一志，奈良隆章，金堀哲也：野球の制球力向上を目指したパラボリックスローの即時効果．日本コーチング学会第25回大会抄録集，筑波大学（茨城），2014
10. 川村卓ほか：150k m / h を投げる投手の特徴について . バイオメカニクス研究 ,16(1):26-32,2012
11. 宮下浩二ほか：投球動作の肩最大外旋位における肩甲上腕関節と肩甲胸郭関節および胸椎の角度 . 日本臨床スポーツ医学会誌16(3)：386-393, 2008
12. 島田一志ほか：野球の投球動作における体幹および下肢の役割に関するバイオメカニクス的研究 . バイオメカニクス研究 ,4(1): 47-60 2000
13. 島田一志ほか：野球のピッチング動作における力学的エネルギーの流れ . バイオメカニクス研究 ,8(1):12-26,2004
14. 川村卓，功力靖雄，阿江通良：熟練野球選手の打撃動作に関するバイオメカニクス的研究―バットの動きに着目して―．大学体育研究，22：19-32，2000
15. 高橋佳三ほか：野球のピッチングにおける手および指の動きとボール速度増加の関係．バイオメカニクス研究 ,4(2):116-124 ,2000
16. 田内健二，南形和明，川村卓，高松薫：野球のティーバッティングにおける捻転動作がバットスピードに与える影響．スポーツ方法学研究，18(1)：1-9，2005
17. 宮西智久ほか：野球の投球動作におけるボ - ル速度に対する体幹および投球腕の貢献度に関する3次元的研究 . 体育学研究 ,41(1):23-37,1996
18. Fleisig GS,et al. Kinetics of baseball pitching with implications about injury mechanisms.Am J Sports Med 1995;23:233-239.

STAFF

構成……大利実

カバー・本文デザイン……二ノ宮匡（ニクスインク）

本文デザイン……松浦竜矢

本文イラスト……中山けーしょー

カバー写真……渡辺正和／アフロ

写真撮影……原幹和

動画撮影……ナカマルフォトオフィス

編集協力……能見美緒子

編集……滝川昂、小室聡（株式会社カンゼン）

新しい少年野球の教科書
科学的コーチングで身につく野球技術

発行日　2019年７月26日　初版
2024年３月13日　第3刷　発行

著者　川村 卓
発行人　坪井義哉

発行所　株式会社カンゼン
〒101-0021 東京都千代田区外神田2-7-1 開花ビル
TEL 03（5295）7723
FAX 03（5295）7725
https://www.kanzen.jp/
郵便為替　00150-7-130339

印刷・製本　株式会社シナノ

ISBN 978-4-86255-502-1
Printed in Japan
定価はカバーに表示してあります。

ご意見、ご感想に関しましては、kanso@kanzen.jp まで E メールにてお寄せください。
お待ちしております。